JN227164

'不確実性'の時代を生き抜く

最強の「経営企画部」

八田真資［著］
Hatta Masashi

中央経済社

はじめに

　本書は，経営企画に関係する仕事に就きたい学生から，実際に経営企画部への配属が決まった社会人の方まで幅広く対象としており，できるだけ平易に，かつ経営企画部の業務内容の全体を俯瞰できる内容になっている。

　また，大学のアカデミックな側面と，これまでに企業や地方自治体へのコンサルティングを経て得られた側面から，実際の組織の中軸的な役割を担う経営企画部（組織によっては総合企画部，戦略企画部など名称が異なる）のあるべき姿を定義し，実践に落とし込んでいく際の方法論について論じていきたい。

　筆者が，学生の就職や，社会人のキャリア形成に係る研修を行う中で実際に感じることは，一昨年からのアベノミクス効果による外部環境の改善により，先行きの不安や自身の将来に関する心配は，2〜3年前と比べてやや後退しているということである。

　だが，一方で実際の数値を見てみると，現実はそれほど楽観視できないことが読み取れる。たとえば，学生の就職や社会人の転職に関する有効求人倍率であるが，直近の数値は1.19倍（2015年5月現在　出所：厚生労働省）を超えてはいるものの，正社員に限って見た場合は0.75倍と，依然1倍を大きく割り込む水準となっている。

　また，昨年より，賞与をはじめ給与水準は上昇したとマスメディアは報じているが，実際の上昇を享受できるのは大企業および震災に係る特例措置が終了した公務員に留まり，中堅・中小企業までその裾野は広がっていない。更には，消費増税や円安に伴う物価上昇により，家計にとっての実質賃金は24カ月連続の減少となっているのが現状である。

　アベノミクスにおいては，3本の矢による経済成長を標榜してはいるが，経済成長の実現と所得格差の解消は「トレードオフ」の関係にあることはこれまでの歴史が証明している。また，グローバル企業においては，マーケティング拠点はシンガポールに，サプライチェーンの拠点は香港に置くなど，「国内＝

統括拠点」という図式は大きく崩れつつある。また，これまでアウトソーシングは困難とされてきたサービス業における頭脳にあたる部分，たとえば金融業におけるリスク管理や金融商品開発，システム設計における上流工程なども，海外に仕事が出されるようになってきている。

　このように経済格差と能力格差（個人・組織）が拡大する中，IPO（イニシャル・パブリック・オファリング）を実現したFacebookは，つい数年前までは2,000人，Twitterにおいては数百人程度の社員しか存在せず，連結子会社を含め30万人以上を雇用するTOYOTAと比べるにつけ，企業の社会的使命や，本当の豊かさの実現とは何なのか？　という命題と再度真剣に向き合わざるを得ない。

　国内外における現実の環境が厳しい中，今後どのようにして自らの技能を高め，そして組織を運営していけば良いのか。その1つの答えは「経営企画マインド」を持つことに尽きると筆者は考えている。

　これは必ずしも経営企画部に配属されなければならない，ということではない。たとえば，営業であれば営業企画やマーケティングの実践部門としての視座を持って働くなど，問題解決に資する汎用性のあるスキルを身に付けることで，今後，どの組織に配属されても，社内もしくは社外に向けて組織の方向性についての説明責任を果たし，自らがその組織を推進する原動力となりうるのではなかろうか。

　筆者は自身のキャリアを金融からスタートさせ，その後，監査法人系のコンサルティング会社に従事，現在，複数の企業の経営企画部門および大学にて活動しているが，現場のオンサイトに携わることにより，経営者や現場の管理者の気持ちにシンクロし，様々な「人」の問題に帰結するマネジメントの課題に直接触れることができた。そこで得たノウハウや知見を，できるだけ幅広い読者の方々に理解いただけるよう論じていきたい。

　本書の位置づけから，本書は次のような方々に活用いただくのがお勧めである。

1．経営企画部の方または経営企画の仕事に就きたい学生・社会人の方
2．他の職種（営業職・技術職等）に経営企画的手法を取り入れたい方
3．経営者または管理職の方で経営企画の仕組みの導入を検討したい方

2015年8月

八田　真資

目次

はじめに　*i*

第1章　経営企画部とは ——————— *1*

1　経営企画部の定義　*2*
- **1-1**　欧米型（「参謀」機能）　*3*
- **1-2**　日本型（「事務局運営」機能）　*3*
- **1-3**　目的志向型・社長直轄型　*4*

2　経営企画部の対内的機能　*5*
- **2-1**　「参謀」としてのグループ推進機能　*5*
- **2-2**　「管理統括」としての機能　*6*
- **2-3**　「特務案件」推進機能　*6*

3　経営企画部の対外的機能　*7*
- **3-1**　折衝窓口としての機能　*7*
- **3-2**　株主総会の運営およびIR機能　*7*
- **3-3**　シーズの発掘およびシンクタンク機能　*8*

補論　日本では敗者復活は難しい？
　　　　～アメリカ・欧州から見た日本　*8*

第2章　経営企画部スタッフに求められる技能と育成 —— *13*

1　経営企画部スタッフに求められるスキルセットとは　*14*
- **1-1**　経営企画部スタッフに求められる技能　*14*
- **1-2**　経営企画部スタッフに必要な知識　*16*

1-3　経営企画部スタッフが持つべき取り組み姿勢　17
2　経営企画部スタッフの育成　18
2-1　個人技能に係る組み合わせの概念　18
2-2　経営企画部スタッフに必要な技能の組み合わせ　20
2-3　経営企画部スタッフ候補者の選定と育成　20
3　経営企画部スタッフが習得すべきフレームワークの基本　23
3-1　問題解決のフレームワーク　24
3-2　マーケティングのフレームワーク　32
3-3　実際に経営の現場にてフレームワークを用いる際の注意点　42
補論　歴史に学ぶとは？
　　　～いまさら聞けない古典に参ずるメリット　44

第3章　経営企画部の業務内容 ── 53

1　中期計画の策定　54
1-1　中期計画策定に係るアプローチとは　54
1-2　中期計画策定の3つのステップ　56
1-3　中期計画策定における経営企画部の役割　58
2　年度予算の策定　59
2-1　年度予算策定のポイントとは　59
2-2　年度予算策定における3つの方式　60
2-3　年度予算策定の手順　60
3　戦略的法務の実践　63
3-1　契約書を読む際の注意点　63
3-2　経営企画部による契約締結における戦略的視点の導入　70
3-3　契約締結の際のリスクマネジメント　71

- **3-4** リスクが高いと想定される契約締結における
経営企画部の役割 *74*

4 戦略的人事の実践 *76*
- **4-1** 人材マネジメントと人材ポートフォリオ *76*
- **4-2** 人材の評価と動機付け *78*
- **4-3** 目標の管理と人材育成 *81*
- **4-4** 人材教育と組織作り *83*

5 社長直轄型の特務案件への対応 *84*
- **5-1** 協業，アライアンスを推進する際の
ポイントとは *85*
- **5-2** 協業先，M&Aターゲット先の企業分析 *85*
- **5-3** 新規事業の立ち上げ *89*

補論 先人の知恵シリーズ ①
～武術から得る現代への7つの教え *92*

第4章 経営企画部があれば会社が潰れない理由 —— *97*

1 会社が倒産するパターンとそのメカニズムとは *98*
- **1-1** 倒産に係る内部要因および外部要因 *98*
- **1-2** 企業が倒産するメカニズム *99*
- **1-3** 成長の各段階における倒産パターン *100*

2 倒産を回避するために経営企画部が
確実にこなすべき5つの業務と失敗事例 *101*
- **2-1** トップの暴走，中期計画の戦略不在のケース *102*
- **2-2** 予算達成のための偽装や利益操作，キャッシュ不足
による黒字倒産のケース *105*
- **2-3** 契約トラブルのケース *109*
- **2-4** 人事上の不満から生まれた社員による不正の
ケース *111*
- **2-5** M&Aにおける失敗のケース *112*

3 経営企画部によるグループ経営推進力の確保
（社内的側面） *115*
- **3-1** 事業要素の構成比を変える取り組み *115*
- **3-2** 事業変革への取り組み *121*
- **3-3** マーケティング要素と財務要素の連動への取り組み *127*
- **3-4** ミドル・執行担当者における職務内容と事業の連動性確保 *130*

4 経営企画部による有事における経営改善までの時間の確保（社外的側面） *131*

5 格付け会社および金融機関が評価するポイントとは *133*
- **5-1** 国内格付機関が評価するポイント *133*
- **5-2** 世界的格付機関が評価するポイント *135*
- **5-3** 金融機関による格付けについて *136*

補論　先人の知恵シリーズ②
　　　～兵法から得る現代への教え　*138*

第5章　新規事業立ち上げを成功に導く経営企画 — *145*

1 創業から成長の節目ごとに要求される経営企画 *146*
2 新規事業の種類と戦略の立案 *150*
3 競合に打ち勝つ優位性確保と顧客アプローチ *153*
4 新規事業におけるアライアンスとは *155*
5 新規事業立ち上げにおける財務マネジメント *158*
6 新規事業における事業計画の立て方 *159*

補論　ベンチャーを取り巻く国内外の動向および
　　　世界的ベンチャー企業のケース　*161*

第6章 今後求められる経営企画部像とは —— 167

- **1** 外部環境の変化　*168*
- **2** 内部環境の変化　*169*
- **3** 組織別にみた経営企画部の役割の変容　*171*
- **4** 経営企画部が持つべき機能　*173*
  - **4-1** 「戦略の一貫性」確保，「リスク・クライシス」への対応　*173*
  - **4-2** 「支援的管理」の実践　*174*
  - **4-3** 「イノベーション」の創出　*177*
- **5** 具体的な「組織変革」の方法論　*178*
  - **5-1** ミドル主導型の改革　*178*
  - **5-2** 組織変革における目指すべきゴールとは　*180*
  - **5-3** 改革のための3つのステップと4つの領域の整合　*184*
- **補論** 国内における経営企画部設立の背景および最新の取り組み事例　*188*

参考文献　*193*
あとがき　*195*

第1章

経営企画部とは

1 経営企画部の定義

経営企画部門は数名から10名程度の少数精鋭の組織であり，また，そのメンバーおよび経営企画部経験者は将来の幹部候補生としての期待も高い。その業務においては，戦略の策定や予算の管理のみならず，海外展開から企業買収に関わる業務，IRやコンプライアンス対策など多種多様な内容が含まれる。

また，日々多忙であるがゆえに，将来的に必要な，付加価値の高い「本来の企画業務」の時間が割り振れず，組織内での事業部間の調整役に終始してしまっている現状や，そもそも経営企画部とはどのような機能を担うことが望ましいのかが不明瞭では？　との声も多く聞かれる。

まず，「経営企画」を定義すると**図表1-1**のとおりである。

図表1-1　「経営企画」とは

> 「組織ビジョンに基づいた経営目標の達成および持続可能な価値創造モデルを構築するため，社外を含めたリソースの最適運用により，ハード（戦略）にソフト（組織風土）および仕組みを合わせた<u>支援的管理</u>を行う活動」である。
>
> また，「将来の道筋を描く参謀機能に加え，必要によっては主導者を諌める修正機能を併せ持つ」ことがその存在意義である。

ロバート・S・キャプラン　ハーバード・ビジネススクール教授の『戦略管理オフィスの活用法』（ダイヤモンド社　ハーバード・ビジネス・レビュー）によると，バランス・スコアカード（BSC）を導入している企業のうち，戦略の管理が徹底していない組織においてはその実践度が劣後するという。つまり，ある業務特性を有する経営企画部を持つ企業は，業績面および戦略の実行を担保する側面から，その優位性が認められるとの考察が導かれている。

それでは実際の組織における経営企画部をその機能別に分類して論じていきたい。欧米の経営企画部は参謀的な側面を強く持ち，現在起こっている，もし

くは起こりうる事象を演繹的に分析し，少数のメンバーにて実行までの道筋を描くのに対し，国内においてはスタッフ部門的な意味合いが強く，帰納的に情報を吸い上げるとともに，あくまで調整役としての側面や事務局的な役割に終始するパターンが多い。

現状，国内の経営企画部は，役割・機能別に大きく3つに分類される（**図表1-2**）。

図表1-2　経営企画部の機能別分類

1　欧米型（「参謀」機能）
　大企業・中堅企業に多く見られる。戦略の策定およびトップダウンを重視

2　日本型（「事務局運営」機能）
　従来型の日本企業に多く見られる。管理およびボトムアップを重視。計画なども前年を踏襲するかたちが多く，現状の仕組みを維持

3　目的志向型・社長直轄型*
　IPOもしくは事業再生など，目的に向けた戦略統合を実施

＊社長直轄型はオーナー企業に多く見られ，直感を重視し，トップの理念・ビジョンの社内への浸透を図る。また，カンパニー制をとる日本の大手製造業では，それぞれのカンパニーに経営企画部が存在するパターンも見られる。また，売上が小規模な企業においては，経理・総務が経営企画部を兼任するケースも多い。

1-1　欧米型（「参謀」機能）

グループ全体の事業計画の策定から予算管理，アライアンスの促進や組織の変革など，グループの重要課題を職務執行内容とする。参謀的役割に重点を置き，戦略の立案から全社事業部への発信，実行に係る根回しを自律的に行う。これらは大企業および中堅企業で，組織力を必要とする企業に多く見られ，トップダウンを重視するのが特徴。

1-2　日本型（「事務局運営」機能）

管理部門的な側面が強く，経理部，総務部，法務部（法務は経営企画部が管轄する場合もある）などとともに管理本部の下に位置づけられているケースが多

く，事務局運営の側面が強いのが特徴である。

　事業計画の策定や予算管理などにおいて，各事業部の評価および調整を行うものの，その計画内容については各事業部の意思決定が重視される。よって，各事業部から提出された計画や意思決定に係る案件をとりまとめ，必要な稟議フローや経営会議等の議案に載せることが主たる業務内容となる。また，取締役会や株主総会の事務局的な役割を期待される場合も多い。

　大手の日本企業においては，総合企画部や，財務企画部，海外企画部，と担当分掌が分かれているケースもある。その場合においては，中期計画の作成と予算作成の部署が異なるなど，その担当分野における業務の切り分けが機能別または地理別に明確であり，その担当領域の管理の側面が大きいことが指摘されている。

1-3　目的志向型・社長直轄型

　IPOや事業再生など，特に株主などのステークホルダーからの要請に沿って，目的に向けた事業推進を行う。

　IPOにおいては，将来の企業価値（評価）に資する事業強化を実施し，証券会社や監査法人への説明，その他株主対応などの業務も含まれる。事業再生では，事業の再構築や債権放棄，DES（Dept Equity Swap）等による債権者やスポンサーの協力による再生計画を立案し，実行までを担う。近時は事業強化のための組織再編なども行い，M&A（企業・事業の買収）やDistressのM&A（再生や不振企業に係る売却）などを実施する際には，主に財務や法務・コンプライアンス担当とともにプロジェクトチームを組成し，リスク管理や組織の統制活動を主導する役割を担う。

　数カ月〜数年間の時間軸での「目的達成」に向けた体制であり，推進力を担保するよう，戦略・財務・法務・人事のそれぞれの業務を統括するケースも多く見られる。また，他の分類と比して外部委託者・コンサルタントを活用する場面が多いのも特徴として挙げられる。

　社長直轄型は，社長または会長の指示事項を職務執行内容とし，内容によっ

ては，他事業部との連携を必要としないプロジェクトに従事するかたちとなる。職務内容は新規事業の立ち上げや他社との業務提携，企業買収などが挙げられ，機密性の高いものが多く，オーナー企業に多く見られるのが特徴である。

図表1-3は，機能別に経営企画部のポジションを示した組織図である。

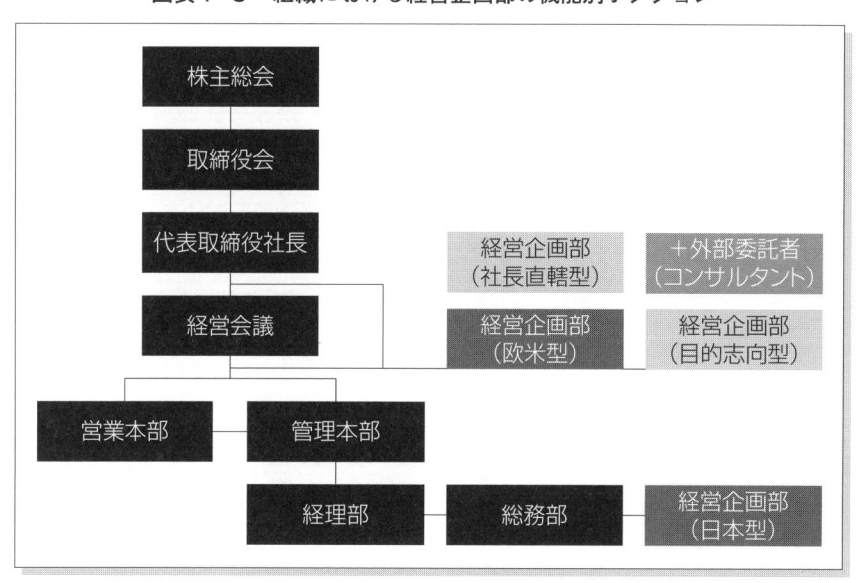

図表1-3　組織における経営企画部の機能別ポジション

```
株主総会
  │
取締役会
  │
代表取締役社長 ─── 経営企画部（社長直轄型）　＋外部委託者（コンサルタント）
  │
経営会議 ─────── 経営企画部（欧米型）　経営企画部（目的志向型）
  ├── 営業本部
  └── 管理本部
        ├── 経理部
        └── 総務部 ─── 経営企画部（日本型）
```

2　経営企画部の対内的機能

経営企画部の「社内的」機能は，主に下記の3つの項目に収斂される。

2-1　「参謀」としてのグループ推進機能

グループ全体を俯瞰し，視野狭窄に陥ることなく組織の直面する問題に軽重をつけ，最重要課題から解決に取り組み，また中長期的視座を持った施策（投資計画の策定や組織変革など）を行う。更には，グループ企業価値向上を目的とした，IR機能[1]も担う。

ⅰ) グループ戦略の企画立案，中期事業計画の策定
ⅱ) 予算計画の策定および管理
ⅲ) 戦略的法務[2]
ⅳ) 戦略的人事
ⅴ) 企業価値向上に資するIRおよび資本政策

2-2 「管理統括」としての機能

予算実績管理，法務，与信管理，資金調達を含めた財務など，各事業部が抱える課題を管轄する。また，年度計画のモニタリングなどの内部統制機能を有することから，経営企画部として予め定められた「定型」の業務が存在する。

ⅰ) 予算計画の統括と予算実績管理
ⅱ) グループの統括管理（最適な財務・税務上の運用，与信管理，企業法務）
ⅲ) 「会議体」におけるグループの重要な議案の統括

2-3 「特務案件」推進機能

新規プロジェクトの立案や戦略的パートナーとの業務提携など，「定型」業務ではなく，機密性を重んじる，プロジェクト型の業務執行内容がこれにあたる。また，場合によっては，各事業部およびコンサルタント等の外部の専門家を交えたタスクフォース（ある目的達成のために編成された組織）を組むケースもある。

ⅰ) 戦略的M&A（広義の意味ではパートナーとの業務提携から買収までを含む），組織再編など
ⅱ) 新規事業の発掘・育成（次世代の中核となる事業のインキュベーション）

---

1) 「IR」とはインベスター・リレーションズの略語。従来は株主に対し，投資に係る情報の開示を目的としていたが，現在は会社や経営者のビジョンや方向性につき，株主に留まらず，従業員や取引先，社会などのステークホルダーに対し説明を行う，広義な意味合いを含むようになっている。
2) 「戦略的法務」とは，契約書のチェックなどの事後的・予防的法務だけでなく，自社の事業推進する上での法的リスクの検証や知的財産の活用など，法的観点からの企業価値に資する意思決定のサポート機能をいう。

3 経営企画部の対外的機能

経営企画部の「対外的」機能は,主に下記の3つの項目に収斂される。

3-1 折衝窓口としての機能

(1) 重要取引先または包括的提携先との折衝機能

参謀として,提携先の選定やアタックリストの策定,提携によるメリット・デメリットおよびグループ企業価値向上の試算,提携契約書の作成,具体的提携内容につき折衝を行う。買収案件の場合は,PMI[3)]にも従事する。

(2) 取引金融機関との折衝機能

直接・間接を含めた資金調達につき金融機関との折衝を実施。複数の金融機関における協調融資(シンジケートローン)や資本性ローンの活用,国による政策的支援(産業競争力強化法[4)])など,自社グループの財務状況および資金ニーズ,事業の特性に応じた調達方法の選定を実施。

3-2 株主総会の運営およびIR機能

今や株主への説明責任は,企業の社会的責任(ソーシャル・リスポンシビリティー)とも言われ,IRの巧拙によって株主からの期待値や企業価値が左右される時代になってきていることから,経営企画部の重要な役割の1つである。近年ではこのIRの対象とする「ステークホルダー」について,株主から取引

---

3) PMIとはポスト・マージャー・インテグレーションの略語。企業買収または合併における統合プロセス全般を指す。買収後の企業に対し,買収元からCFO(最高責任者)や社外取締役,監査関連のポスト人員が派遣されるパターンもある。

4) 旧産活法(産業活力の再生および産業活動の革新に関する特別措置法)のこと。旧法は平成26年1月20日付けにて廃止,類似法として産業競争力強化法が施行される。
　　旧法においては,事業革新に向けての前向きな資金供与の側面が強く,また,税制面におけるメリットだけでなく,中小企業基盤整備機構(中小機構)を通じた政府保証の実行もなされたため,製品もしくは役務サービスに特長のある数多くの企業が,同法のもと資金調達を実施した。

先や金融機関，従業員や社会にまで広げて定義付けを行うようになってきている。

3-3 シーズの発掘およびシンクタンク機能

パートナーや金融機関を通じ，取引先の紹介や先端的技術のシーズ（種）発掘などを実施。また，経営企画部スタッフはシンクタンク的機能を発揮すべく，大学機関や官公庁，業界団体，海外を含めた協業先や同業他社との連携を取り，常に情報収集に努める必要がある。

補論：日本では敗者復活は難しい？　～アメリカ・欧州から見た日本～

「はじめに」の箇所で説明したとおり，国内においては，急速なグローバル化のあおりを受け，今後ますます人材の二極化が進むものと思われる。もちろん「運」や「環境」も左右するのがキャリアではあるが，日本国内においては，個人の努力次第で出世する，または事業で失敗したときの敗者復活は困難であろうか。

筆者は学生時代に米国，フランスにて過ごした経験上，日本は意外と中庸，すなわちバランスの取れた環境を有しているのではないか？　との答えに行き着いた。

米国は周知のとおり，敗者復活を許容する風土があり，リスクを恐れず新たな商品開発，市場開拓，技術的革新を模索する「起業家精神」が存在する。シュンペーターはそれを「創造的破壊」あるいは「新機軸」と名付け，このような冒険的なチャレンジ精神が，米国における資本主義発展の原動力と捉えているのである。

これまでの企業再生の現場においても，チャプター・イレブン（連邦倒産法第11条）が航空会社や大手メーカーにおいて数多く採用された実績があり，ライバル会社との力関係が，債権放棄やリストラの実施により身軽になったこと

から逆転する現象が起こり，その後，ライバル会社が同法を採用する，というイタチゴッコのような動きも見せている。

個人においても，たとえ中卒であったとしても，ロースクール（Law school）やMBA（経営学修士）を取得することにより，人生の逆転は可能であろうし，また個人が従事するサービス，経済モデル自体も，民主党系のケインズ主義的・福祉主義政策から市場中心主義，すなわち「新自由主義5)」へ大きく構造の転換がなされ，更なる個人主義へのシフトがなされてきた。ジェファーソンの「独立宣言」でも謳(うた)われているように，個人の自由や平等，更には富の獲得などが普遍的価値と見なされ，この独立運動自体が，欧米（イギリス）の伝統的な体制，国家社会への反逆であったとも捉えることができる。

アメリカは，製造業を軸とし，労働者の雇用や福祉に重きをおいた「北部型」経済モデルから，資源や農産物などの1次産業品を中心とした「南部型」モデルに移行し，その後，金融サービス業を中心とした「東部型（ニューヨーク型）」モデル，更にはITベンチャーや起業家を中心とした「西部型（シリコンバレー型）」モデルが加わり，今や個人で何億円というストックオプション6)や上場益を獲得するというアメリカン・ドリームが数多く存在する。

筆者は米国マディソン郡の病院にてインターンの経験をした際，盲腸で数百万円を請求される事例など，富裕層しか享受できない医療サービスの現場を目の当たりにし，この金融・ITサービス主導型への経済モデルの転換が，いかにその裏で貧困を生み出し，弱者を生み出していったかを思い知らされるに至った。現在，世界の金融資産は2京円を超えると言われ，それは実体経済の4倍以上にも達するという。そのような過剰な流動性，資源の獲得競争やマネーゲームが，昨今の貧困や所得格差，地域格差を助長しているとは言えない

---

5) フリードマンを中心としたシカゴ学派。能力主義を徹底した自由競争市場こそが経済発展の根本であると主張し，ケインズ的な財政政策の無効と，マネタリズムの適切な管理を唱えた。
6) 新株引受権。ある行使価格（ストライクプライス）にて買い取る権利であり，株価の値上がり時にはキャピタルゲイン（上場益）を得ることができ，社員の士気やモチベーション向上に資する施策として活用されている。最近は顧問などの外部支援者を含めて付与されるケースも多い。

であろうか。

　翻ってフランスの例を見ていきたい。筆者はよく，なぜ欧州に留学をしたのか？　と聞かれることが多いが，これまで多くのベクトルをアメリカに向けていた「自分」をリセットし，欧州から見たアメリカ，欧州から見た日本，そして世界を知ることにより，より物事を別の角度から相対的に見ることができるのでは？　と漠然と感じたからである。

　これまでの日本は，生活様式はもちろんのこと，ビジネス手法から物の価値観まで，どっぷりと米国流に浸かってきたわけであるが，筆者はフランスでの生活を通じ，近代史の形成においていかに日本が欧州の影響を受けてきたかの再確認をすることができた。また，100年以上前の日本人の真摯な生き方，欧州より愚直に学ぼうとする姿勢やその苦悶は，昭和以降の歴史しか知らない自分自身を，より謙虚な姿勢に引き戻したのである。

　たとえば，筆者が住んでいたフランス第2の都市リヨンは，以前は欧州一の金融街で栄え，永井荷風が銀行員[7]として住んでいた街であり，そして日本の近代文学への影響を与えた場所でもある。また，医学や法学はもちろんのこと，軍事戦略面においても，フランスに留学をしていた，司馬遼太郎の「坂の上の雲」に登場する秋山好古など，数多くの明治時代の日本人が欧州の地を訪れ，国家のために尽くしてきたことを知るにつけ，非常に感慨深いものを感じるのである。

　そのフランスであるが，ナポレオンがつくったグランゼコールという教育機関をご存知であろうか。日本人はフランスの教育機関というとパリ大学（ソルボンヌ大学はパリ大学の1つ）を思い浮かべると思うが，実は，そのような国立の大学とは別にグランゼコールという教育機関がある。これらはナポレオンが国土強靭化政策の1つとして創設したもので，日産のカルロス・ゴーンが卒業した鉱山大学や，官僚養成学校であるENAなどが挙げられる。グランゼコールの友人たちに聞いたところ，グランゼコールに入学するには，まずコンクー

---

[7]　横浜正金銀行（三菱東京UFJ銀行の前身）。

ルという共通一次試験をパスする必要があり，その入学費用や準備期間における資金的な負担に鑑み，親がグランゼコール出身者や富裕層でなければ，その扉をくぐることは困難のようにも思われた。また，入学後は，金融における実際のケースを用いたバリエーション（企業価値評価）や，国際機関やグローバル企業におけるインターンシップを通じた実践的な内容を学び，卒業後はすぐに「マネージャー職」に従事するパターンが多いようである。

　一方，フランスではカフェで働いている高齢の店員をよく見かけるが，フローよりストックを重んじるフランスにおいては，職の流動化は乏しく，極論するとカフェの店員は一生カフェの店員として働くケースも多い。ここでは職業上の優劣を論じているのではなく，カフェの店員はカフェで働くことにつき矜持(きょうじ)を持ち，また豊かさを感じて働いているのであるという事実に違う角度から注目したい。そもそもフランスにおいては「豊かさ」の定義が異なり，都市の美観や住環境，個人へのサービスや余暇の過ごし方など，また，地方都市での生活におけるアメニティ[8]の向上などがそれにあたる。つまり，奇しくもケインズが述べたように，人は本当に「豊かな社会」を求める段階においては，もっと「文化的」な生活を望み，ひいては自分の時間をどう充実させて使うかという問題に直面するのである。これらは我々働き蜂のように働く日本人にとって非常に示唆に富んだものではなかろうか。

　最後の日本国内における労働環境については割愛したい。上記と同様にカフェのケースでみた場合，日本においては，カフェの店員から始まり，店長，エリアマネージャーを経て，最終的には本体（親会社）に採用され，そこから生え抜きとして，役員に上り詰めることも可能性としては存在するのである。これはもちろん，失敗に鷹揚(おうよう)な米国には遠く及ばないが，明治時代や太平洋戦争前の日本[9]もしくはグランゼコール出身者でなければ出世できないフランスほど硬直化しておらず，敗者復活，もしくはキャリア形成の上での優位性は，

8）19世紀にイギリスにて形成された環境に対する思想。快適性や魅力に資する環境を模索。
9）明治時代や太平洋戦争前の日本においては，社会資源を一部のエリート層へ集中させる体制があり，知事なども40歳前後で（選挙ではなく）任命されていた。

世界標準で見た場合，意外にもそのバランスを確保していると言えよう。

第2章

経営企画部スタッフに求められる技能と育成

1 経営企画部スタッフに求められるスキルセットとは

1-1　経営企画部スタッフに求められる技能

　ここでは経営企画部に求められる技能について論じていきたい。具体的に企業の経営企画部の求める人材像を見てみると，国内の求人では，「大卒，経営管理に係る業務経験者」や「事業会社における企画立案，海外戦略の業務遂行経験者」などと漠然と書かれているケースが多い。一方，海外および外資系企業における求人では，「大卒（MBA尚可）、○年以上の経営企画経験者で，財務スキル（財務分析や投資に係る企業価値評価），マーケティングスキル（消費財に関する市場評価），生産管理能力，統計を用いた分析力，英語力（TOEIC800点以上のビジネスレベル）」のように詳細が明記されている。

　経営企画部スタッフにおいては，その参謀的役割および処理すべき業務量に鑑み，高度な技能が求められるのは言うまでもないが，数値による実証主義的アプローチとともに，組織における対人的能力，すなわちソフトスキルの運用・実践が求められている。

（1）情報収集力および問題解決力

　情報の収集および分析においては，情報を収集し，構造化することが主眼となる。すなわち，問題の因果関係，真因を詳らかにし，社内マネジメントおよび社外に対し，仮説に基づいたストーリーを準備しなければならない。

　問題解決力は汎用性のある，かつあらゆる業務の基礎となるスキルであり，昨今，大学の一般教養過程においても授業に取り入れられる例が増えている。問題の発見から解決策の提示，エクスキューション（解決策の実行）までの能力が求められるこちらのスキルについては，後述する問題解決のための「基本フレームワーク」をご参照いただきたい。

（2）企画力，計画策定能力およびPCソフト運用力

　経営企画部においては，既存事業の革新や新たな事業のインキュベーション（新規事業育成），または企業買収など，新たな企画を策定する機会が多く存在する。そのような中で，グループ全体におけるPL（損益計算書），BS（貸借対照表），CF（キャッシュフロー計算書）への影響度や，投資回収率，シナリオに基づく感度分析など，様々な計画策定に係る能力が求められ，またそれら計画推進を可能にするPCソフトの運用力が必須と言えよう。

（3）グローバルな環境における業務遂行力およびプレゼンテーションスキル

　昨今，海外拠点の存在だけでなく，海外との取引・仕入販売や，海外のスタッフ採用などを含めた広義の意味において，もはや9割以上の企業がグローバルな環境にさらされている。よって，語学力の重要性は言うまでもないが，グローバルなスタッフとのコミュニケーション力，すなわち相手の文化を理解，尊重し，プロジェクトを遂行していく能力が求められる。

　更に昨今では，プレゼンテーションの巧拙が，案件獲得および社内での稟議承認・業務遂行の可否に直結するようになってきている。プレゼンも「場数」であり，また，「準備」が8割と言われるほど，ロールプレイングを含めた前段階の事前準備が重要である。たとえば，そらんじて演説するように見える政治家なども，実は何度も反復して練習に余念がないのが通常である。

（4）対外的・対内的人間関係に係る構築力

　何か新規の取り組みにおいては，社内および社外の利害関係者に対し，既存の業務内容以外の取り組みを依頼する必要があり，その際の承諾の可否について，人間関係が強く影響を及ぼすことは論を俟たない。時には，社内における事業部長，もしくは1スタッフとしての立場および社内における取引先，もしくは金融機関の担当としての立場を超えた，信頼関係の構築が必要となってくる。

（5）業務遂行における胆力

最後に，業務遂行におけるスタッフの「胆力」を挙げたい。経営企画部の業務の性質上，数多くの案件および人間関係に関わる機会が多く，またその数だけセクショナリズムや取引上の旧態依然とした大企業の論理など，壁にぶち当たることが多くある。

そうした中，いかに日頃から自らの胆力を研磨するかが重要となっており，これら鍛錬は，日々の精神的な浮き沈みのブレ幅を小さくすることにも役立つのであるが，若い頃，特に20代における「逆境を乗り越えた経験」も必要と思われる。

1-2　経営企画部スタッフに必要な知識

（1）経営戦略・マーケティングに係る知識

今や，マーケティングは，市場調査や販売活動，または広告宣伝だけを指すのではなく，またマーケティング部門だけに任せるにはあまりにも重要な課題となっており，より経営サイドに近い，組織マネジメントの上位概念になってきている。

（2）財務知識

ここでいうところの財務知識とは，財務諸表を読む，分析する能力に留まらない。これら財務知識を活かし，自らがプロジェクション（将来の財務予測）を策定し，銀行などの社外を説得することにより，必要な投資額を調達するまでの一連の流れの理解をいう。

（3）法務知識

こちらも財務知識同様，契約書を読む，理解するだけではなく，対外的な交渉の中で，いかに経営・事業のリスクを抑え，自社の将来的な事業機会を有利に運ぶことができるのかの観点を踏まえ，内容の落とし込みおよび妥協点を探ってクロージングに繋げる知識までを含む。

交渉は，グループ全体のメリットや将来的な観点も含めた鳥瞰図的視野に基づき行う必要がある。一事業部に属していない経営企画部においては，その判断に係る利害関係にとらわれないポジショニングを大いに活用いただきたい。

　また，経営企画部が関わる領域について，下記の法務知識については抑えておきたいところである。

- 経営に係る法務知識：会社法，税法，特許法（知的財産関連），競争力強化法などの新法（事業開発・資金調達関連）など
- 契約策定に係る法務知識：民法など
- 株主・IRに係る法務知識：金融商品取引法など

1-3　経営企画部スタッフが持つべき取り組み姿勢

　下記に経営企画部スタッフの取り組み姿勢について述べたい。まず，経営企画部は能力を表す「才」だけではなく，「信」の獲得も同時に目指す必要がある。戦略や戦術を決定した後は，残りの7割から8割程度の労力やリソースをその「実行」に費やすこととなるが，実際に業務遂行を行う事業部からの「信」がなければその組織は機能しないこととなる。その「信」の獲得については，下記に示すとおり約束をきちんと守ることはもちろんのこと，小さな仕事や雑務にも手を抜かず，期限を確実に守り，絶えずその姿勢を継続していくことである。また，経営企画部の主な役割として，時にはトップの姿勢や意向，方向性などを修正する，または参謀として諫めることが挙げられる。よってそのような場面を想定して，トップとはある程度の距離を置くことが求められる。

　　ⅰ）「信」と「才」の両方の獲得を目指す。まず「信」を得るには，期限や約束を《必ず》守ること。次に「才」を得るために，積極的に業務知識の習得に努めること。
　　ⅱ）既存業務であっても，常に先を読んだ仕事の運び方を心掛け，忙しくても既存の低重要度の仕事に埋没しないこと。通常業務の1割程度，常に新しいことに挑戦し，新しい「知見」と「人脈」を得ること。

ⅲ）総花的，横断的知識の獲得のみならず，自分自身の能力の尖がった，強い分野を持つこと。

図表2-1　経営企画部スタッフに求められる技能・知識および取り組み姿勢

技能	1. 情報収集力・問題解決力 2. 企画力・計画策定能力，PCソフト運用力 3. グローバル環境下での業務遂行力・プレゼンスキル 4. 対外的・対内的人間関係に係る構築力 5. 業務遂行における胆力
業務知識	1. 経営・マーケティングに係る知識 2. 財務知識 3. 法務知識
取り組み姿勢	1. 「才」と「信」の両方の獲得を目指す 2. 低重要度の仕事に埋没せず，常に1割程度新しいことに挑戦する 3. 尖がった強い分野を持つ

2　経営企画部スタッフの育成

2-1　個人技能に係る組み合わせの概念

ここでは経営企画部スタッフの育成について論じるが，まずは，経営企画部スタッフに限らず個人技能の定義として，キャリアにおける「レバレッジの相乗効果」の考え方を紹介したい。

筆者は監査法人グループにて働いていた経験があるが，そこでは数値に強いメンバーは語学に弱く，語学ができるコンサルタントもしくは会計士は数値に弱い，というイメージが存在する場面があった。そのため，下記のような人材は会社にとって重宝するのである。

数値[1]　＋　語学[2]

上記では「＋」での表現を試みたが，英語（語学）を用いた数値計画の策定

など，それら項目の関係性にシナジーを持たせることができた場合は「×（レバレッジの相乗効果）」となる。

　筆者の周りの活躍しているパートナーを見渡すと，下記のような多彩な組み合わせが見られる。

（人物Ａ）知財ノウハウ　×　工業製品（における知見）　×　中国語
（人物Ｂ）財務《能動的スキル》　×　法務　×　プレゼンによる突破力

　人物Ａは，中国進出する国内メーカーについての知的財産戦略において，その存在意義を遺憾なく発揮できそうである。人物Ｂは，グローバル企業におけるマーケティングにおいて，自身のリーガルのスキルを活かし，収益機会の最大化を図るような契約の提案をビジネスの観点を交えて弁護士と練ることができ，またその獲得したビジネスに係るファイナンス面（資金調達）においても，社内の財務部や銀行と直に交渉することもできそうである。

　《能動的スキル》とは，筆者の定義で「受身ではなく，自律的に使いこなせるレベル」を指している。財務を例に挙げると，財務諸表が読めるというだけでなく，財務諸表からマーケティングや経営戦略上の背景を汲み取り，またそれらの改革や方向の行く末を指し示し，その変革が与える財務的なインパクトをプロジェクション（財務予測）に落とし込んだ上で，金融機関やファンド，もしくは子会社の場合は本社より，必要資金を引っ張ってくる一連の能力を言う。

　このように，能力の上昇効果と同時に，その人材価値としての「希少価値」が加わることから，技能の習得によりレバレッジ（てこの原理）の相乗効果が得られるのである。

1）　たとえば数値処理能力に秀でている，もしくは会計学に加え，統計学などの解析手法や金融工学を駆使できる人材。
2）　たとえば英語でビジネスの運用が可能，第２外国語ができる，等々。

2-2　経営企画部スタッフに必要な技能の組み合わせ

　経営企画部スタッフの場合，レバレッジの因数となる技能は下記のように示される。

> 「問題解決力」×「経営戦略・コンサルティング・マーケティング関連のスキル」×「財務」×「法務」×「語学」×「ソフトスキル[3]」×「書く力（日本語/英語）」

　最後に「書く力」と挙げたのは，文章にその人物の能力だけでなく，人間性が出るからである。あえて大仰に言うと，文章1つで，その人の人生や会社の趨勢を左右するような大型案件が決まってしまうような運命的な場面も，長い人生においては起こりうるのである。

　経営企画部スタッフの教育においては，上述したスキルセットを机上で学ばせるのではなく，現場において経験値をたくさん積ませてみることである。筆者の経験則上，スタッフが伸びる際，成長曲線はゆるやかな上昇をベースとしながら，あるところで急激に伸長するものである。よって読者の方々がもし教育係に任命された場合は，スタッフに対し，適度な負荷（通常，その人の能力・キャパシティーの2割増し程度）を掛けながら，我慢強く見守っていただければと思う。

2-3　経営企画部スタッフ候補者の選定と育成

　最後に，30代からの中堅クラスの経営企画部スタッフ，もしくは経営企画部のスタッフ候補について述べたい。ある程度基本的な技能を習得した前提で，即戦力として経営企画部に配属されるパターンも多いが，30歳になると，その求められるスキルセットの内容は大きく変容する。それは後ほど説明する「仮説思考」などの問題解決法を用いること，人の3倍働けるようなモチベーション，帰属意識が大切になってくる。また，経営企画部の中堅クラスになると，

3）　人間関係構築に係るスキルおよびマネジメントスキルなど。経営企画部の位置づけによっても求められるソフトの定義が異なる。詳しくは第1章の（1）参照。

次世代の経営を担うマネジメント候補として扱われる。その際に，いかに経営者と同様の高い視座を持って働いているか，また，会社へのロイヤリティーが高いか，という点に注目したい。

筆者がこれまでコンサルティングに関わらせていただいた中には，牛肉の産地偽装が問題となった食肉加工会社や，同じく不祥事を起こした大手乳業メーカーにおける再生案件もあった。その際の経験からも，再生や企業が大きく変革を求められる局面において，いかに「人財」を活かすか，ということが非常に重要になってくるかを学ぶことができた。このような人的な取り組みを行わないまま，事業を切り売りして不採算事業をなくすのみではターンアラウンド[4]は困難であり，現在，民事再生案件の9割が失敗すると言われる難しさはここにあるのである。人がついてこない限りは，早晩その企業はこれまでと同じような栄枯盛衰をたどることになる。このような局面において，社員をどうデューデリジェンス[5]するかがポイントであり，社員の中核を担う経営企画部スタッフについては特に注意したい。

人財を「能力」「ロイヤリティー」の2軸で評価した場合，能力が低く，ロイヤリティーの低い社員は経営企画部に配属されるケースは少ないであろうが，他の部署においても，このような社員は周囲への影響が危惧されるので，はっきりと会社としての方針を伝える必要がある。最も望ましいのは，言うまでもなく「能力」「ロイヤリティー」の両方が高い社員であるが，「能力」のみに偏向する社員は，ドラスティックな改革時において他社に引き抜かれるおそれがある。よってインセンティブの付与や，会社のビジョンを指し示すことにより，ロイヤリティーの向上が望まれるが，そうでない場合は，筆者は間違いなく「能力が低い」「ロイヤリティーの高い」社員を優先すべきと考えている。人事政策については諸説あるが，実際，人間の能力というものは大きくは変わらず，

---

[4] 企業再生のこと。また，企業再生請負人のことを「ターンアラウンド・マネージャー」ともいう。

[5] 企業査定のこと。企業の買収や提携の際に実施され，財務デューデリジェンスや法務デューデリジェンスがあるが，90年代に実施された大型の銀行買収案件の際は，「人」のデューデリジェンスが行われ話題となった。

「意志」の占める要素が大きいというのが筆者の持論である。よって能力については育成することによって補えばよく，そこで教育プログラムや，皆が技能を高めていこうとする組織の雰囲気を醸成していくことが大切なのである。

　最後に，このような「ロイヤリティー」のある経営企画部社員の，（経営者としての）マネジメント・プログラムについて考えてみたい。90年代にかけては，MBAなどの留学を通じ，経営学を俯瞰的に，グローバルな環境下で学ばせる，というのが通常であったが，実はそこで学ぶ会計学などは独学でも学べる内容である。ではなぜ昨今においても，官庁系をはじめ大手企業においてMBA教育が主流なのか。それはMBAによって世界的視野や人脈を獲得でき，インタラクティブ（双方向）に文化に触れる機会を持つことができるからである。また，最近のMBAの教育プログラムでは，後半にインターンシップや自分でプロジェクトを企画する課題が課せられることから，自分で「無」から何かを創造する，という気概を持って取り組む経験をさせられるのである。

　これに加え，それらインターンシップやプロジェクトは資金（給与）が絡むものであることから，プロとしての心構えも再度身につけることができる。MBAでは雑多な人種，様々な業種・職種の出身者が集まる。外資系企業に属し，クライアントに対し時給を3万，5万と請求し，時にはそんな価値はないと突きつけられるようなシビアな世界にいた者もいれば，伝統的な日本企業において，長い時間軸の中で教育・ローテーションを経たメンバーもいる。そうした中で，みなが一同に「プロ」としての意識に目覚めるという観点からも，MBAは有用であると考えられる。

　昨今では，早くから子会社の役員に就任させ，現場でのマネジメント経験を積ませる方針も浸透している。これらの動きは大手商社などで顕著であり，MBA取得や役員経験は，いわゆる「経験の時間軸の加速」なのである。ある中高一貫校が有利な理由として，最初の（中学からの）4年間，もしくは5年間を目処に，すべての（大学）受験科目を学習することが挙げられるが，大学生活においても，3年生の秋から就職活動を始めるのではなく，入学時より，自身のキャリアに対する問題意識を持ち，逆算してインターンシップやプロ

ジェクト，留学経験をストーリー立てて行う学生は有利なのである。これらの法則は社会人のキャリアにおいても当てはまり，20代で30代の仕事，30代で40代の仕事をする，もしくはそういう視座を持って取り組むということの重要性は，自身にとっても組織にとっても今後，自明視されるべき事実であろう。

3 経営企画部スタッフが習得すべきフレームワークの基本

　次にこれまで述べた「問題解決」「マーケティング」の知識について，そのフレームワークを簡単に説明していきたい。これらのフレームワークを学ぶことで，体系的に，経営企画部の運用に必要な基礎的知識を習得することができる。

　ではここで教科書（基礎）を繰り返し学ぶ効用について述べたい。筆者も，毎週週末には「マーケティング」「財務」などの基礎的テキストを反復して学習するが，かの小泉政権時に金融財政担当大臣であった竹中平蔵氏も，簿記をはじめとする会計知識の基礎を繰り返し学んでいたとのことである。これから取り上げる理論・フレームワークはいわゆる将棋やチェスの「定石」と同じで，定石を身につけて経営の現場で戦うのと，そうでないパターンを比較すると，中長期的には勝率に差が生じるのである。また，実践において，判断の軸となる自身の基準を持つことにより，判断や行動のブレを少なくできる，というメリットがある。

　前項の経営企画部スタッフの育成でも記したとおり，人が成長する際は直角に，階段型に伸びる。これは企業経営においても同様であり，マッターホルン型でグイグイと伸びる企業もあるが，大半のグロース型のベンチャー企業や再生案件では，赤字や投資の期間を辛抱しながら，その成長曲線が描かれるのを待たねばならない。そのような状況において，経営者がこれら定石を知っている場合，自分の打ち手を信じ，途中で経営方針を変えずに，最後まで「待つ」ことができるのである。

本書では，下記の2つのフレームワークについて取り上げることとしたい。問題解決については汎用性のあるスキルであり，グローバルに会議をする際の共通のモノサシにもなりうる。また，マーケティングについては，従来のマーケティング部門の範疇から，戦略といった上位概念も含む内容に変化していることから，より経営に近いものとして学習いただきたい。

> 〈2つの基本フレームワーク〉
> ⅰ）問題解決のフレームワーク
> ⅱ）マーケティングのフレームワーク

3-1　問題解決のフレームワーク

　ここでは簡単な問題解決のフレームワークについて説明したい。最初に，問題の定義について考えてみると，問題とは「現実と理想のギャップ」ということに行き着く。もしこの乖離が大きければ問題が大きいということになるが，まずここでは，このギャップを埋める作業が「問題解決」であるとの認識を読者の方々には確認いただきたい。

　また，問題は時間の経過によって変化するということに注意する必要がある。**図表2-2**の東日本大震災の例を見ていただきたい。震災後に地元の自治体で陣頭指揮を取ると仮定した場合において，まず震災直後においては人命救助や救助に係るトリアージ[6]，水や食料の確保が必要であるが，時間が経過するにつれ，避難所の確保や運営，復旧・復興に関わる工事や被災者の心のケアへと，求められる課題は変化していく。

　次に，問題の優先順位を付けるにあたり，特に傍観することによる影響度を加味する必要がある。筆者が以前，コンサルティング会社にて働いていた際，上司である田作朋雄氏から，下記のような話をよく聞かされた。田作氏は，稲

6）　トリアージとは「仕分けること」。患者を状態によって色分けし，治療しても効果が見込めない重症患者について，状況によっては処置を施さないなど，治療の優先順位を付けることにより最大多数の人命を救えるというもの。最近ではビジネスの現場において，仕事の重要度に鑑み，仕分けをする，という意味で使用される。

盛和夫氏とともにJALの再生に取り組み，その実務を担当した人物であり，銀行員時代に，最初に「企業再生」という概念を米国から国内に持ち込んだことで有名である。彼によると，企業再生は「時間との勝負」であるということである。JALを例にとってみると，最初は不採算路線やマーケティングプランの見直し，原価の低減など，数多くの「打ち手」が存在する。しかし，事業が悪化するにつれ，打ち手の数は人員の削減や海外支店の統廃合などに減少，最後には銀行へのリスケジュール[7]や本社ビルをはじめとする資産売却，遂には会社更生法申請，と打ち手が限られてしまうのである。つまり組織内においていかに早期に危機感を醸成するか，がポイントになってくるのである。

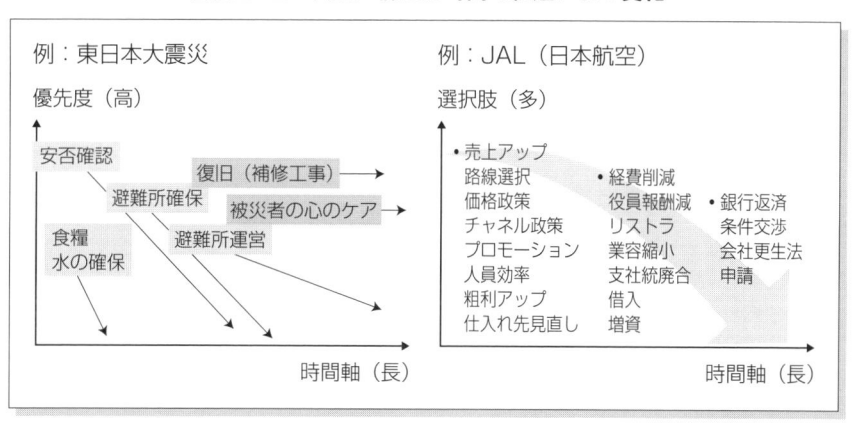

図表2-2　問題・課題は時間の経過により変化

例：東日本大震災
優先度（高）
- 安否確認
- 避難所確保
- 復旧（補修工事）
- 被災者の心のケア
- 食糧水の確保
- 避難所運営

時間軸（長）

例：JAL（日本航空）
選択肢（多）
- 売上アップ
- 路線選択
- 価格政策
- チャネル政策
- プロモーション
- 人員効率
- 粗利アップ
- 仕入れ先見直し
- 経費削減
- 役員報酬減
- リストラ
- 業容縮小
- 支社統廃合
- 借入
- 増資
- 銀行返済
- 条件交渉
- 会社更生法申請

時間軸（長）

問題の種類については，**図表2-3**のとおり3つの問題が時系列のなかに存在する。過去においては「発生型の問題」，現在においては「設定型の問題」，将来においては「将来型の問題」となる。

発生型の問題の特徴は，問題が向こうから飛び込んでくるということである。応急的な措置が必要とされ，早急に「元の状態」に戻すことが求められることから，まずは強いリーダーシップと素早い対応が問題解決の鍵となる。

---

7) 銀行に返済の猶予を申し入れ，返済のスケジュールの変更につき合意を行うもの。通常，元本は猶予したとしても金利は支払うパターンが多い。

仕事はもちろん，勉強やスポーツにおいて重要なことが次の「設定型の問題」である。これは特に経営企画部に解決を求められる問題で，組織を改善する方策につき，常に問題意識をもって取り組まなくてはならない。また，この設定型の問題の特徴として，問題はすぐには表面化しないことから，何もしなければ時間だけが経過してしまうということが挙げられる。

最後に「将来型の問題」であるが，当問題においては，どれだけの想定とその対処につき検討がなされたかで勝負が決せられる。武道の極意に，いわゆる「後の先[8]」という概念があるが，これは相手が先に攻撃を仕掛けるものの，こちらはこれを制して先に攻める，という防御と攻撃を兼ね備えたものである。実際のビジネスの現場においては，為替や金利などの外部要因に加え，競合や顧客要因の変化に対し，常に対応するコンティンジェンシー[9]を想定しておくことが肝要である。

図表2-3　時系列にみた「問題の種類」

過去	現在	未来
・発生型の問題	・設定型の問題	・将来型の問題

「発生型の問題」　応急的措置により元に戻す
「設定型の問題」　現状より改善する方法論を模索
「将来型の問題」　現在問題でないが傍観により発生する可能性あり

① イシューとは

イシューとは「いま，考えるべきこと」と言える。問題との違いは，主語・

---

8) マーケティングの世界でも同じことが説かれ，相手の動きをあらかじめ想定し，それに対する個別の対応策を先んじて準備しておくことにより，結果，現状よりも優位なポジションに立つことを達成することが望ましい。
9) 中期計画策定時において，計画の見直しを「ローリング（プラン）」といい，設定した定量的目標（たとえば売上の〇％など）を下回った場合に，計画の利益を達成するために，実行すべき経費削減などの各種施策を予め決めておくことを「コンティンジェンシー（プラン）」という。

述語がはっきりと示され，より課題が明確に絞られている点である。たとえば，よく問題は何かと聞かれた場合，「新製品の問題」とイシューにせずに答える場面が多いが，これではその新製品の何を議論すればよいかの特定化がなされておらず，解決への道筋が見えにくくなる。

それではイシューの作り方についての簡単なフレームワークを紹介したい。イシューとは主語もしくは目的語＋疑問符のかたちであることから，**図表2-4**にどのような疑問符が存在するのか？　について5W1Hにて記した。これと述語を組み合わせことにより，何十というイシューを作り出すことができ，またその優先順位を持って議論することが可能となる。

会議によくあるパターンの1つに，目的が存在しないことがよく指摘される。読者の方々が会議のリーダーもしくは主催者になった場合においては，イシューをはっきりと明確化し，事前に各参加者に通知を行って準備を促すことが必要となる。

図表2-4　イシュー（ISSUE）の作り方

```
┌─────────────────────────────────────────────────────┐
│  イシュー（ISSUE）：いま論じなければいけない課題      │
│  イシューを決めないと会議のテーマが定まらず          │
│  （経営Topicか？　生産Topicか？　販売Topicか？）     │
│                                                      │
│   ●疑問符●         ●目的語●         ●述語●       │
│  What   何を                       買うのか？        │
│  Who    誰に/が                    売るのか？        │
│  When   いつ        製品Aを        作るのか？        │
│  Where  どこで                     販売/生産中止     │
│  Why    なぜ                       するのか？        │
│  How    どのように                 改良するのか？    │
└─────────────────────────────────────────────────────┘
```

② ブレインストーミングとは

ブレインストーミングを行うケースを見てみると，ルールに則って行っているパターンは意外にも少ない。ブレストを行う際には，自由奔放に進めること

と，30分でアイデアを30個以上出すなど，質より量を重視する。また，非難厳禁を徹底し，突飛なアイデアも受け入れる空気感を最初に作っていきたい。

図表2-5　ブレインストーミングとは

1. グループでアイデア（問題点や解決方法を列挙）を出す方法として最も多く使われるやり方の１つ
2. 問題をカテゴリー化（グループ化）してみる
3. 口頭で意見を言う代わりに，１つのアイデアを１枚のカードに書き出すカードBS法との組み合わせもあり

ブレストの4原則
1　自由奔放
2　非難厳禁
3　質より量
4　結合改善（便乗発展）

③　因果関係とは

　因果関係は重要なフレームワークの１つで，まずは原因と結果を矢印で繋いで作ってみたい。この際に注意すべき点は，矢印の間に存在する更なる因果関係（「飛び石」）を追加し，いきなり論理が飛躍しないよう作成することである。因果関係を作る際には，①因果関係の逆転（例：事故注意の看板がある道路は事故が少ない）による単なる相関関係である場合や，②偶然の一致，③第三の因子が存在する場合（例：ヨーグルトを食べると風邪をひきにくい），などに留意したい（**図表2-6**参照）。

図表2-6　因果関係をつくる際の注意点

```
因果関係の判定方法
 1．普遍性（人，時間，場所などを変えても成立）
 2．密接性（強固である，相関だけでない）
 3．原因が先行

因果関係をつくる際の注意点
 1．鶏と卵（例：治安が良くなって落書き減った？）
 2．単なる相関関係でないか注意
　　（例：ヨーグルト摂取⇒風邪ひきにくい）
 3．第三因子の存在：運動？？気候？？体質？？
```

④　仮説思考とは

　仮説を構築することは，問題解決に係るあらゆる分析の「基本」である。ただ漠然と情報を集めたり，行動に移したりするよりは，仮説思考を持って調査・分析の無駄をなくしていくことによって，仕事のスピードを格段に上げることが期待できる。まずは先入観を持たず「ゼロベース」にて，自分なりの「仮の答え」を持つことが肝要である。

　「仮説思考」のステップは，①まずは「結論」を考えてみる（＝仮説を立てる），②何を「検証」すればよいかを決める，③調査や裏付けを行う，となるが，特にこの②のステップを踏むことが重要である。まずは市場調査，顧客調査から，など「とりあえず」の調査は避けたいところである。また，実際に実行に移してみると，仮説を持って分析したほうが楽しいという意見が多々聞かれる（**図表2-7参照**）。

図表2-7 「仮説」の構築

1. 「仮説」の構築はあらゆる分析の基本
2. 先入観を持たずにゼロベースで仮説を立ててみる
3. 仮説を立てることにより意味合いや方向性を出せる
4. 仮説の検証,「なぜなのか?」という問いかけをすることで本質に近づき,結論に結びつける
5. 仮説の構築と検証のサイクルの繰り返しで本質に近づける

仮説 ⇒ 情報の入手 ⇒ 修正

⑤ ロジックツリーとは

ロジックツリーは,ビジネスの現場でもよく使用されるフレームワークである。**図表2-8**はツリー状に上に伸びているかたちであるが,上から下へ,MECE(ミーシー・漏れなくダブりなく)にてボックス(切り口)を展開していく。可視化しやすく,グループでも議論しやすいのが特徴である。ロジックツリーには,①「なぜ?」を繰り返しながら原因を追求していくパターンと,②「どうやって?」と解決方法を追求していくパターンが存在する。

図表2-8 「ロジックツリー」

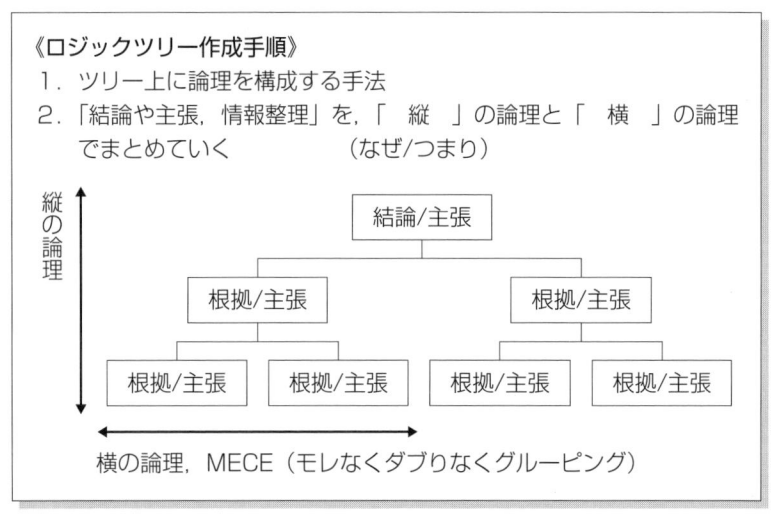

《ロジックツリー作成手順》
1. ツリー上に論理を構成する手法
2. 「結論や主張,情報整理」を,「 縦 」の論理と「 横 」の論理でまとめていく　　　　　（なぜ/つまり）

縦の論理

```
                    結論/主張
                   /        \
            根拠/主張         根拠/主張
            /    \            /    \
       根拠/主張 根拠/主張  根拠/主張 根拠/主張
```

横の論理,MECE(モレなくダブりなくグルーピング)

⑥ 演繹法・帰納法とは

　演繹法，帰納法は，それぞれ数学者のデカルト，哲学者のフランシス・ベーコンによって提唱されたものである。演繹法の代表例としては三段論法があり，演繹では前提が真であれば結論も真となる。たとえば，下記の例で言えば，ソクラテスを「私」とした場合も正しい演繹となる。

　演繹法において満たすべき要件は次のようになる。①まずは世の中に実在する状況について述べる，②同時にもう１つ世の中に実在する関連状況について述べ，最初の記述の主部か述部のどちらかについて注釈することで，最初の記述との関連を持つ，③同時に世の中に実在する上記２つの状況を意味することについて述べる。

　次に帰納法であるが，①間違った情報をもとに論理展開をしていないか，②観察対象となる事象のサンプリング数に問題はないか，また事象を収集する過程で偏りはないか，の２点につき注意したい。

図表２-９　「演繹法・帰納法」

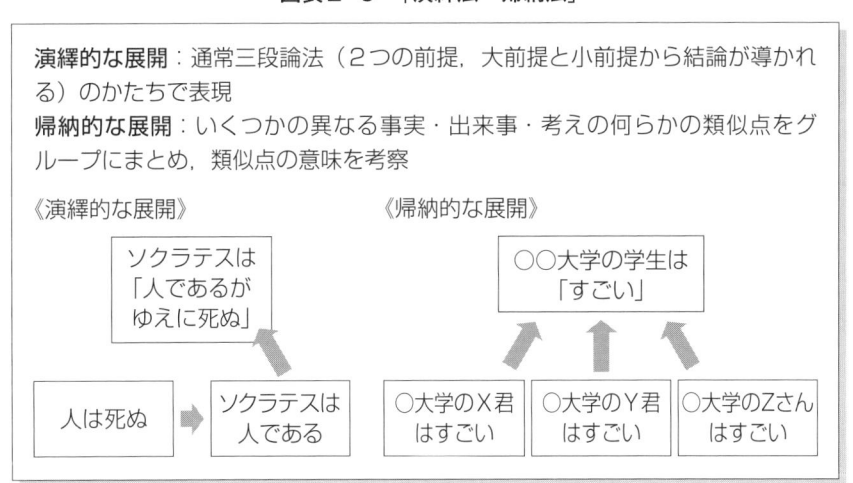

演繹的な展開：通常三段論法（２つの前提，大前提と小前提から結論が導かれる）のかたちで表現
帰納的な展開：いくつかの異なる事実・出来事・考えの何らかの類似点をグループにまとめ，類似点の意味を考察

《演繹的な展開》

　　　ソクラテスは
　　　「人であるが
　　　ゆえに死ぬ」
　　　　　↑
　人は死ぬ → ソクラテスは人である

《帰納的な展開》

　　　○○大学の学生は「すごい」
　　　　↑　　↑　　↑
　○大学のX君　○大学のY君　○大学のZさん
　はすごい　　はすごい　　はすごい

　問題解決のフレームワークの最後に，企画の「構成」について触れておきたい。企画の３要件として最も重要な「市場性」「優位性」「実行性」については，特に訴求できるような内容のものに仕上げたい。

また，主要な企画や起業家コンテストでは，学生から若手起業家までを対象とした幅広いものが存在し，また，運営母体も多種多様である。最近はCommercial-Oriented（商業目的）のものだけでなく，Social-Oriented（社会事業）の事業が注目されており，プロジェクトに係る「大義」をどう捉えるか，も重要となってくる。

図表2-10　企画の「構成」

1．エグゼクティブサマリー（企画概要・要約）
2．環境・背景（内部/外部環境※1　競合や他事例※2　市場性）
3．現状の課題・問題点
4．分析（ブレスト・仮説思考・因果関係・ロジックツリー等で構造化）
5．基本方針※3（問題を解決するための方針，優位性）
6．事前準備・スケジュール（実行性）
7．成果目標・期待される効果（定量定性）
8．体制・予算

※1．内部環境：強み弱み，外部環境：社会情勢や景気動向など
※2．商品の開発なら競合分析，地域貢献や環境改善・グローバル企画などは他の事例研究
※3．新規商品の開発などにおいては商品イメージやスペック（仕様），商品コンセプトや訴求イメージ，ターゲット顧客などを記入

3-2　マーケティングのフレームワーク

　まずはマーケティングの定義についてみていきたい。マーケティングとは，販売する，広告を打つ，というような単発活動でなく，生存領域の選定から資源の配分など，経営（戦略）の上位概念であるといえる（**図表2-11参照**）。

図表2-11　マーケティングの定義

「マーケティング」とは，短期的な販売活動ではなく，市場や競合を分析し，内部資源に照らして，自社にとって最適な生存領域を定めて位置付けし，また，導き出した経営の目的を達成するための政策を有機的に結び付けることにより，顧客への価値提供行為を組織全体で解明し，継続的な収益機会に転化すること。

市場・競合分析 ▶ 内部資源の検討 ▶ 最適な生存領域 ▶ 目的達成の政策 ▶ 商品・役務サービス

① 4Pとは

マーケティングミックスいわゆる4Pでは2つの整合性（ターゲットおよびミックス・フィット）がポイントとなる。また，顧客視点の4Cの概念[10]も広く知られている。

図表2-12　4Pでは2つの整合性が大切

ターゲット例：女性	商品A （10代20代）	商品B （30代40代）
製品政策	品質は標準	高い品質
価格政策	廉価	やや高価～高価
プロモーション政策	若者向け雑誌 夜11時以降のTV広告	女性週刊誌 平日昼間のTVコマーシャル
チャネル政策	コンビニ ドンキホーテ・量販店等	TV・雑誌通販

整合性① ターゲットフィット
整合性② ミックスフィット

10) Product＝Customer Solution（顧客の問題を解決するにはどんなスペックやサービスが必要か），Price＝Cost（顧客にとってどのような価格・支払方法が望ましいか），Place＝Convenience（顧客にとってどのような場所や販売チャネルが便利か），Promotion＝Communication（商品やサービスに顧客の声を反映させる手段とは何か）

② 環境分析とは

環境は外部的要因と内部的要因に分けられ，外部的要因はマクロ要因とミクロ（市場）要因に分類される。マクロ要因は自社でコントロール不可のものであるが，ミクロ要因の要素である顧客や競合については，準コントロール可能とされる。

図表2-13　環境分析の全体像

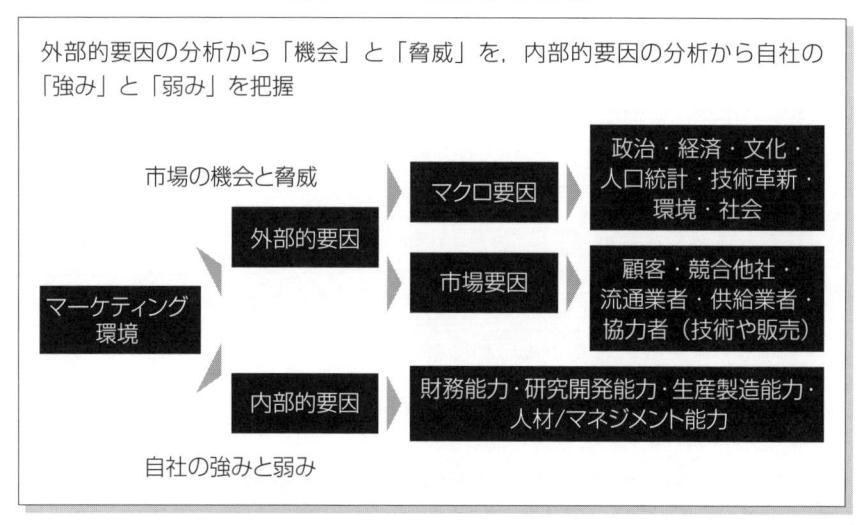

外部的要因の分析から「機会」と「脅威」を，内部的要因の分析から自社の「強み」と「弱み」を把握

- マーケティング環境
  - 外部的要因（市場の機会と脅威）
    - マクロ要因：政治・経済・文化・人口統計・技術革新・環境・社会
    - 市場要因：顧客・競合他社・流通業者・供給業者・協力者（技術や販売）
  - 内部的要因（自社の強みと弱み）：財務能力・研究開発能力・生産製造能力・人材／マネジメント能力

③ SWOT分析とは

SWOT分析については，会社単位でなく事業部単位でも行うことが望ましい。経営企画部スタッフにおいては，自社の強みと弱み，機会と脅威の各要素を入れ替えて検証してみるのも面白い（**図表2-14参照**）。

図表2-14 SWOT分析

内部環境では，経営資源の「強み」「弱み」を分析

Strengths：強み：
　企業成果の源泉。機会を開拓・深耕，脅威を回避する重要な要素
Weaknesses：弱み
　戦略の失敗を避けるための克服すべき要素

外部環境では，取り巻く市場環境の「機会」「脅威」を分析

Opportunities：機会
　企業成果に好結果をもたらす環境要素
Threats：脅威
　競合相手の行動や規制強化など

④ 競争地位別戦略とは

　競争地位別戦略では，市場における地位によってそれぞれ目標および基本戦略が異なる。同質化はコカ・コーラをはじめとする大手が採用しており，国内では大手牛肉チェーン店が，新しい「焼く」スタイルの牛肉チェーン店に対して取った事例などが挙げられる。相応の利益の実現は，リーダー・ニッチャーは市場地位にて期待できるが，チャレンジャーについては差別化された顧客機能とコア・コンピタンスがその要件となる（**図表2-15参照**）。

図表2-15　競争地位別戦略

市場地位	戦略目標	基本方針	基本戦略	戦略ドメイン
リーダー（業界最大シェア）	全市場確保 最大シェア維持	全方位戦略	同質化 周辺需要拡大 最適市場シェア獲得 非価格対応	顧客機能（提供する価値で満たす顧客ニーズ）中心
チャレンジャー	挑戦戦略 シェア追撃	対リーダー差別化戦略	独自能力を生かしたリーダーとの差別化	顧客機能と独自能力・コアコンピテンス（他社が模倣できない能力）絞り込み
フォロワー	チャンス模索	模倣戦略	リーダーとチャレンジャーの政策分析，シェア維持，模倣	リーダーとチャレンジャーの後を追うことでの利潤獲得
ニッチャー	特定顧客/市場No.1	製品・サービス・市場特化型集中戦略	ニッチ市場におけるリーダーを目指す高利益率獲得	対象市場を絞り込みニッチ市場を狙う

⑤　ライフサイクルとは

　ここでは一般的なライフサイクルを紹介したい。昨今ではこのライフサイクルの短縮化が叫ばれるが，異なるサイクルと異なるリスク（リターン）の組み合わせを，経営企画部は事業ポートフォリオの構築で考えなくてはならない（**図表2-16参照**）。

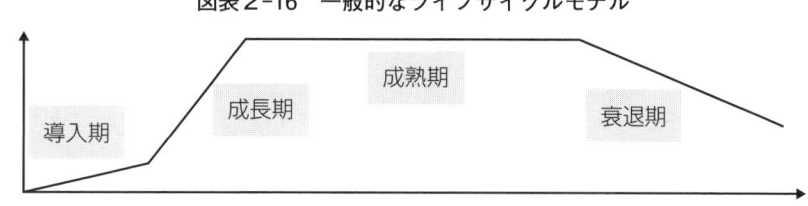

図表2-16　一般的なライフサイクルモデル

	導入期	成長期	成熟期	衰退期
戦略目的	試用促進	シェア極大	シェア維持/利益極大	ブランド選別
売上高	低い	急上昇	最高・低成長	減少
利益	マイナス	上昇	最高	減少
顧客	革新的	初期採用	大衆	遅延者
競合	少ない	増加	多数	減少
Product	基礎開発	付加機能等	買替需要促進	非採算排除
Price	高め	浸透価格へ	競争志向	値下げ
Place	限定	販路拡大	販路拡大	選択的
Promotion	試用促進	広告興味喚起	便益強調・差別化	最少限度

⑥　アンゾフの成長戦略マトリクスとは

　アンゾフの成長戦略マトリクスは，具体的な商品事例を挙げて考えてみると分かりやすい。「市場浸透戦略」では，ワインを料理に使用するという新しい用途を提案した事例，「市場開発戦略」では男性向けエステ事業や，週間で発売される漫画雑誌（ジャンプ）の少年から成人へターゲットを拡充した事例，「多角化戦略」では旅行会社（HIS社）の証券業務への参入事例などが挙げられる（**図表2-17参照**）。

図表2-17　アンゾフの成長戦略マトリクス

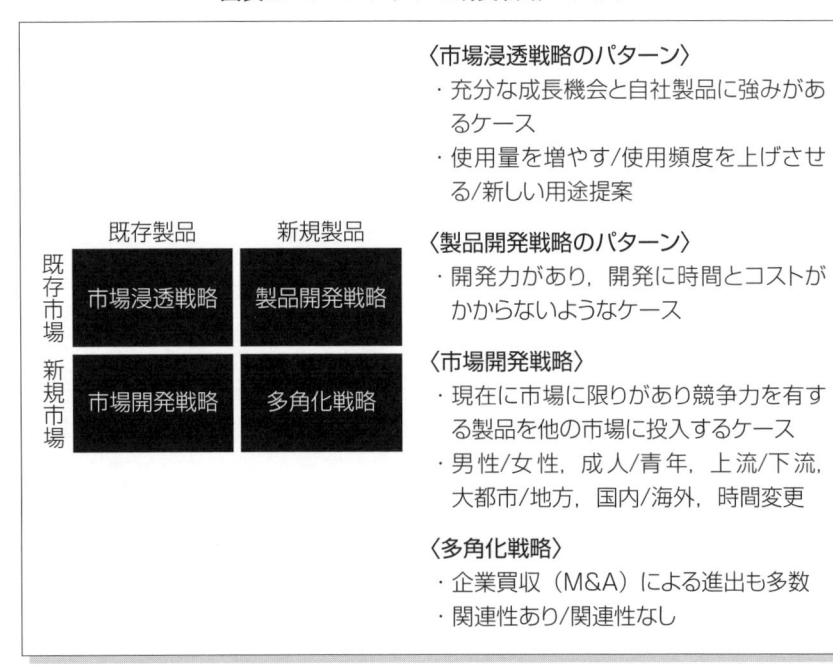

	既存製品	新規製品
既存市場	市場浸透戦略	製品開発戦略
新規市場	市場開発戦略	多角化戦略

〈市場浸透戦略のパターン〉
・充分な成長機会と自社製品に強みがあるケース
・使用量を増やす/使用頻度を上げさせる/新しい用途提案

〈製品開発戦略のパターン〉
・開発力があり，開発に時間とコストがかからないようなケース

〈市場開発戦略〉
・現在に市場に限りがあり競争力を有する製品を他の市場に投入するケース
・男性/女性，成人/青年，上流/下流，大都市/地方，国内/海外，時間変更

〈多角化戦略〉
・企業買収（M&A）による進出も多数
・関連性あり/関連性なし

⑦　プロダクト・ポートフォリオ・マネジメントとは

　図表2-18は，プロダクト・ポートフォリオ・マネジメントを時系列に見たケースである。成長率が鈍化し，追加での投資の必要がない「金のなる木」が創出するキャッシュを「問題児」に割り当て，左の花形へのシフトを促すのが定石であるが，自社のビジョンやコンセプト上の位置付けが明確な事業は，必ずしもセオリーどおりの投資および撤退を採用しない場合もある。

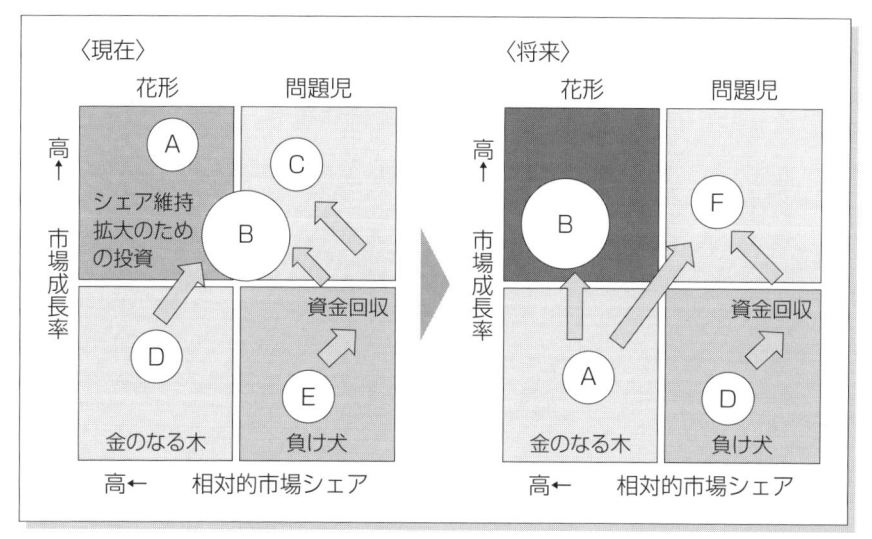

図表2-18 PPM（プロダクト・ポートフォリオ・マネジメント）

⑧ **市場地位別にみた攻撃・防衛戦略とは**

　図表2-19は，地位別にみた攻撃・防衛に係る戦略のパターンである。リーダーの戦略として，栄養ドリンクに代表されるような，確固たるポジションを築いているブランドの「陣地防衛」や，大手化粧品メーカーのブランドの絞込みによる「縮小防衛」，大手航空会社による，新興の航空会社と重なる特定の路線のみを値引きする「反攻防御」などが挙げられる。また，チャレンジャーとして，マクドナルドに挑んだロッテリアの事例（値下げ戦略）やカルフールの日本進出の事例では，失敗すると損失が大きいことを示したケースと言えるが，一方で，大手家具小売店IKEAのように成功した場合には得られる果実も大きいとも言える。「側面攻撃」では，オシャレカフェの領域が手薄であった，国内のカフェチェーン店へのスターバックスの挑戦などが好例である。

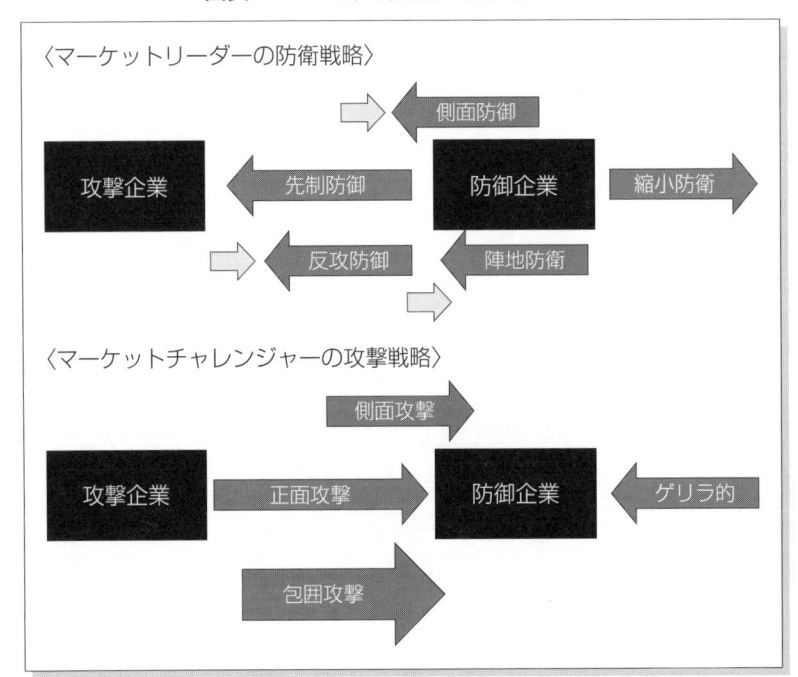

図表2-19　地位別防衛・攻撃戦略とは

〈マーケットリーダーの防衛戦略〉

〈マーケットチャレンジャーの攻撃戦略〉

⑨　ポジショニングマップとは

次にポジショニングマップを作る際のポイントについて述べたい。自社がある程度の参入障壁を築くことができ，また自社のポジションにつき顧客への伝達が可能なポジションが望ましいとされる。差別化およびポジショニングの軸の切り口については**図表2-20**をご参照いただきたい。

図表2-20　ポジショニングにおけるポイント

- ▶ ポジショニングのパターン①
  「競合よりも有利に」
- ▶ ポジショニングのパターン②
  「空白地帯を狙う」
- ▶ 差別化の切り口
  物理的な違い（性能・スタイル），入手の容易さ（店頭・ネット），価格の違い，サービスの違い（メンテなど），イメージの違い（保守的，親しみやすい）
- ▶ ポジショニングの切り口
  特質（最古，最大など），ベネフィット（安全性など），用途（旅行用・ビジネス），対象ユーザ（初心者・中級），品質（高い・低い），価格，その他4P+αで考えてみる

最後にマーケティングの大家の著作を紹介したい。「競争の戦略」では，個人と法人，価格帯に分けてセグメンテーションを行い，自社のポジションを明確化（対象：高級層の個人）した旅館の例や，「サービスマーケティング」では，製品売り切り型から，室内で美味しいコーヒーを飲みたいというソリューション型へ転換したネスレの例などが挙げられる。

図表2-21　マーケティングの大家の著作紹介①

マイケル・E・ポーター「競争の戦略」
  1．ライバルの動向を見極め，ターゲットを絞る
  2．基本戦略として「コストリーダー」「差別化」「集中」が存在

フィリップ・コトラー「マーケティング・マネジメント」
  1．市場の地位：「リーダー」「チャレンジャー」「ニッチャー」「フォロワー」
  2．ニッチャーは顧客，品質，価格，サービスを絞り込む

クリストファー・ラブロック「サービス・マーケティング」
  1．サービス業の特徴：「無形要素（スタッフなど）」
      「プロセスが価値創造」「生産と消費が同時」
  2．売り切り型や箱型からソリューションへ転換する企業
      事例：ネスレの「エスプレッソマシーン」

次のマーケティングの大家の著作は、「ブランド・エクイティー戦略」と「イノベーションと起業家精神」である。前者は公文のマスターブランドが挙げられ、主要科目である数学と国語の教材は世界共通のものを使用し、今や「KUMON」ブランドはグローバルに認知されている。後者は「技術的」なイノベーション以外に「意味合い」におけるイノベーションの事例も多く見られ、家具小売店IKEAは、完成品でなく組立式の商品を販売し、また家具ごとの展示でなく、モデルルームの展示で日本の家族構成にあったライフスタイルの提案を行うというイノベーションを達成している。

図表2-22　マーケティングの大家の著作紹介②

デービッド・A・アーカー「ブランド・エクイティー戦略」
1. ブランドの価値要素：「認知」「知覚品質」「連想」
  「ロイヤリティー」「その他ブランド資産（マーク等）」
2. ブランド価値向上に長期的視点・首尾一貫した取り組みが必要
  事例：公文の「KUMON（マスターブランド）」

ドラッカー「イノベーションと起業家精神」
1. イノベーションの方法：「予期せぬ成功と失敗」
  「ギャップを探す」「ニーズを探す」「産業構造」「人口構造」
  「認識の変化」「新しい知識の活用」
2. 商品改良等の「持続的イノベーション」vs「破壊的イノベーション」
  事例：IKEAの「意味合い＞技術」の革新イノベーション

3-3　実際に経営の現場にてフレームワークを用いる際の注意点

これまで4PからSWOT、ポジショニングやライフサイクルまで、多岐にわたるフレームワークを紹介させていただいた。フレームワークについては、これまで多くの経営学書が出てきているが、フレームワークそのものはあくまで現状の課題を整理・分析することに役立つのであって、戦略や企業を運営していく方法論を教えてくれるわけでないということを認識しておく必要がある。

現在は、ケースより統計学が重視されていることから、何百という会社の指標を分析してセオリーに落とす作業が実行されるが、経営を実践していく上で

役立つ方策については，本や論文に書かれていることではなく，その会社にあった「解」を経営者もしくは経営企画部が指し示す必要がある。また，最初からプランニングするのではなく，創発的に経営していくという前提に立った場合，事業立ち上げ時にフレームワークに落とし込んで，自社や外部環境の分析にのめり込む時間を取るよりも，いち早く市場参入のタイミングを図ったほうが望ましいケースも多々ある。

　更には，フレームワーク自体が自社や自社が属する市場環境にそぐわないケース[11]も念頭に入れなければならない。たとえば，ゲイリー・ハメル　ロンドンビジネススクール教授らが掲げた「コア・コンピタンス・セオリー」についても，中長期的な，技術イノベーションを含めた市場環境や競合の状況，自社のトップやマネジメントチームの任期・コミットメントについて確たる保証のない中，どのように継続可能性のあるコア・コンピタンスを涵養していくのかに疑問を呈する読者も多かったであろう。また，フランスのビジネススクールINSEADの教授であったW・チャン・キムらが唱えた「ブルー・オーシャン戦略」についても，自社が実現できることを競合ができないという保証はない。模倣戦略の方が容易に採用できる現在の競合環境において，当理論を自社の方法論として落とし込んでいくのは非常に難易度が高い側面も否めない。

　上記マーケティングのフレームワークでも取り上げた，80年代に一世を風靡(ふうび)したプロダクト・ポートフォリオ・マネジメント理論（PPM）については，事業の入れ替えを前提とした理論で，いくつもの事業やパイプラインを保有する中堅・大企業向けのセオリーであると言える。

　また，当理論の推奨する，競争が緩やかなポジションを目指すことについては，多くの企業の戦略立案担当者が，同様の条件下で同様の手法を採用したことにより，逆に同じようなポジショニングとなってしまった例も数多く見られた。よって実務ベースでは，ポジショニングマップの軸の切り口を何度も入れ

11）　実際の経営においては，ベンチマーク法を採用するなどして，成功企業の戦略を模倣したとしても失敗の終わるケースがほとんどである。当然ではあるが，内部資源や生存領域における市場の成熟度や競合度合いが異なる状況のなかで，内的および外的に同一条件の環境を再現するのは不可能なのである。

替え，少なくとも3つ以上のマップを検証することが望ましいとされる。

筆者も携わった大学発ベンチャーにおいては，経営学に係る「知」の集積地でありながら，成功事例は限られた数に留まっているのが現状である。これまでのように理論やフレームワーク，ケースや統計学だけでなく，仮説検証を繰り返しながら修正を加える「仮説のマネジメント」や，事業を立ち上げる過程における「気付き」や「学び」を重視する，アクションラーニング[12]に軸足を移した事業化推進も今後より一層求められよう。

補論：歴史に学ぶとは？ ～いまさら聞けない古典に参ずるメリット～

読者の方々は，昔小学校にあった，薪(まき)を背負って勉強をする銅像の少年は誰で，何を読んでいるか？ についてご存知であろうか。銅像の少年は二宮金次郎（二宮尊徳）であり，中江藤樹とならび称される日本の儒教教育の大家であるが，何を読んでいるまで知っている方はそんなには多くないのではと思う。実は読んでいる書物は「大学」というもので，儒教の中で特に重要とされている四書五経の中の1つである。「大学」は，本来，論語よりも先に学ぶべきものとして取り上げられ，有名な言葉に「小人閑居して不善を為す」や「慎独（君子はまず独りを慎む）」などがある。

最近，ある新聞記事で，国会議事堂の中の書店の店長が，最近の政治家は古典をまったく読まなくなった旨の説明をしている内容を読んだが，筆者は，これは最近の経営者にも当てはまるのではと強く感じた。これまで日本人は，西洋の芸術（科学技術）を磨くことだけにとらわれ，東洋の道，すなわち思想そのものはどこかに忘れてしまったのが現状である。以前，小泉純一郎前総理が，田中真紀子氏の言動を諌(いさ)めるために，重職心得箇条（佐藤一斎/言志四録）を手渡そうとした際，こんなカビの生えた古典なんて読めないと突き返されたら

---

[12] 実際の課題解決を現場で実践し，解決に向けた行動とその振り返りから得られた気付きを通じ，個人そして組織が学習するプロセスをいう。

しいが，現在，経営者をはじめ，いったい何人の日本の指導者がそれを精読しているのであろうか。

当「補論」では，スペースの関係上数冊に絞って，これから古典を学ぼうとする学生から，再度古典を読み直そうとする社会人まで，お勧めの古典や近現代思想を取り上げて紹介していきたい。興味を持った内容を見つけた方は，ぜひ一度その書物を直接手にとってお読みいただきたい。

1)「論語」 孔子

20編，499章句からなる，2500年前の春秋戦国時代の孔子の教えをまとめたもの。最も経営企画部スタッフに関連するのは次の章句である。

「君子は本（もと）を務む。本立ちて道生ず。」

本（もと）とは基本であり，これを修めるということは，実は非常に難しいことなのである。筆者も武道の指導に何十年と携わっているが，未だ基本の技の解釈や理解について迷うところもあり，当たり前の基本ほど難しいものはないと思い知らされる場面が多い。また，仕事の現場においては，今の年次で修めるべきことは確実に修め，次のポジションに上がった際に，求められるスキルについても先んじて修めておくと，焦る必要がなくなるのである。

2)「大学」 曽子（「「大学」を素読する」伊与田覚　致知出版社）

孔子の門下生。代表章句は次の一節「格物致知」。

「古（いにしえ）の明徳を明らかにせんと欲する者は，先ずその国を治む。其の国を治めんと欲する者は，先ず其の家をととのう。其の家をととのえんと欲する者は，先ず其の身を修む。其の身を修めんと欲する者は，先ず其の心を正しうす。其の心を正しうせんと欲する者は，先ず其の意（こころばせ）を誠にす。其の意を誠にせんと欲する者は，先ず其の知を致す。知を致すは，物を格（ただ）すに在り。」

3)「言志四録」　佐藤一斎　（岬龍一郎　PHP研究所）

吉田松陰の師である，佐久間象山の師匠で，その門下生は6,000人とも言われる。人との応接辞令における教え「春風秋霜（春風の暖かさをもって人に接し，秋霜の厳しさをもって自らを慎む）」はあまりにも有名。

4)「活眼活学」　安岡正篤（PHP研究所）

「平成」の元号を考案したと言われ，吉田茂をはじめ歴代総理や住友など財閥の「指南役（顧問）」として活躍。ここでは同氏が説いた，経営の現場で大いに活かすべき「切磋琢磨の3原則」を取り上げる。

「物の原理には，3つの原則がある。まず第1に，物を目先で見るのと，長い目で見るのと両方あるということ。どうかすると結論が逆になる場合があるが，原則としては，できるだけ長い目で物を見るということを尊重すべき。次に，物を一面的に見る場合と，多面的あるいは全面的に見る場合とがある。どんな物や人であっても，一面だけ見れば必ず良いところがある。と同時に必ず悪いところがある。これを多面的に見れば見るほど，その人間がよく分かり，はっきりと結論が出る。第3には，物を枝葉末節で見るのと，根本的に見るのとの違いであり，これも往々にして結果が正反対にもなる。枝葉末節で見たのでは，すぐ分かるようであって，実は混乱・矛盾することばかりであり，やはりできるだけ根本に帰って見れば見るほど，物の真を把握することができる。」

5)「運命を拓く」　中村天風（講談社）

思想家・実業家であり，日本初のヨガ行者。筆者は経営者と会う機会が多いが，同氏を私淑する日本の経営者が多いことに驚く。参謀本部諜報部員として満州にて活動，敵に捕まった際，銃殺の瞬間，手榴弾（しゅりゅうだん）が爆発して偶然にも助かる。東郷平八郎など多数の軍人，経営者らが師事。師は，下記のような座右箴言を残している。

「私はもはや何事をも怖れまい。（略）この真理を正しく信念して努力するならば，必ずや何事といえども成就する。だから今日からは，いかなることが

あっても，また，いかなることに対しても，かりにも消極的な否定的な言動を夢にも口にもするまい，また行うまい。そしていつも積極的で肯定的な態度を崩さぬよう努力しよう。同時に，常に心をして思考せしむることは，人の強さと，真と善と美のみであるよう心掛けよう。」

　これは人生で一番，戒めなければならないことなのかもしれない。哲学者のベーコンも説いたことであるが，「人の怖れるところのものは，必ず，遂に襲い来るべし」と，マイナス思考が負を呼び込む「コンペンセーション（報償）の法則」を見事に言い当てている。逆に，正しい心になるならば，どんなことがあっても怖しさを感じる必要はないものと，筆者は解釈している。

6）「修身教授録」　森信三（致知出版社）

　旧満州の建国大学および神戸大学にて教鞭を取った，日本の国民教育の祖。「人生最善説」を説いた。元来この言葉は，哲学者ライプニッツの唱えた説であり，神はこの世界を最善につくり給うたということ。畢竟するに，神の全知の眼から見れば，それぞれに意味があり，現在の自分にとって，一見ためにならないように見える事柄が起こっても，それは必ずや神が私にとって，絶対に必要とされるが故に，かく与え給うたと信ずるのである。西郷隆盛の敬天愛人に通ずるものがあり，人は天に向かって仕事をするものである，という儒教の根本にあたる教えに至るのではなかろうか。

　上記6名（大著）のみ，近現代の思想家を含めて取り上げたが，共通しているのは「私心にとらわれない」ということである。経営企画部業務の遂行に限らず，ビジネス全般における悩みは人間関係が大半を占める。怒りや怖れ，悲しみや嫉妬心など，これらは自身の「私心」，たとえば「周りからよく思われたい」などという気持ちから発生するのであって，古典に学ぶことによってこれをコントロールできるよう，自身を日々研磨することが大切なのである。つまり「君子」とは，立身出世することを指すのではなく，正しい心の持ちよう，であることがわかる。京セラ創業者で，JALの再生を請け負った稲盛和夫氏は，

常に「その動機善なりや，私心なかりしや」と三省[13]したというが，まさに古典を重んじる同氏ならではのやり方と言えよう。

　古典や歴史から学ぶことによる，明らかな効用は次のとおりである。まず，行動や自身の感情の浮き沈みをなくせる，ということである。以前，筆者は，自身の感情の浮き沈みをグラフ化したことがあったが，だいたい4，5日の周期で波動が展開するような法則性があり，これを統計的に主張する説も存在する。これを長い時間軸で見た場合，勝海舟はおよそ7年おきに人生の節目があるとの自説を唱え，退行期においては，自身を磨き，雌伏の時をじっと耐えゆく有用性を説いた。日比谷公園や明治神宮の設計等で有名な本多静六も，逆境や失意のときはよく耐え，鳴りを静めて修養し，知識や英気を養い，時節の到来を待つことを説いている。このような態度で事に望めば，順も可，逆もまた不可ならずで，どちらに転んでも実力の発揮と実力の貯蓄時代となって焦る必要はないものと説明しており，まさに「風車，風が来るまで昼寝かな」を謳った広田弘毅[14]と同じ心境である。

　次に2つ目の効用は，歴史から真理を見出し，現代の経営に生かせる，という点である。たとえば，塩見七生氏は，その著作の中で，元老院はローマ帝国の財政権，司法権，人事権，を司ったがゆえに，その権力を長期間において維持できたとしたが，本書で論じている「経営企画部があれば会社は潰れない」とは，まさに経営企画部が管轄する予算，法務，そして（戦略的）人事をうまく統括することができれば，その組織のゴーイング・コンサーン（企業継続）は維持できるとの拠り所であるとも言える。

　また，人類の歴史は戦争の歴史でもあるが，「戦略の失敗は戦術では補えず」との軍事上の有名な格言どおり，現在の経営においても大いに示唆に富む内容を多く含む。筆者は特に太平洋戦争時の，日本の海軍の歴史に特に注目しており，たとえば，戦時中の大本営では，小さな島の奪還に目を奪われ，無駄に戦

---

13) 三省とは，論語に「我，日に三度我が身を三省（さんせい）す」とあり，書店「三省堂」の由来にもなった章句。日に三度，省みるのではなく「常に」の意。

14) 第32代内閣総理大臣。外交官時代にオランダ（当時は重要視されていなかった）に左遷された際，皮肉って謳った歌で，風車（かざぐるま）をオランダの風車に例えている。

力をすり減らしてきたが，もう少し大局観があったならば，ガダルカナルを捨てて，ラバウルの航空拠点の防衛に注目すべきであったし，かの石原莞爾も，帰趨を決するサイパンに戦力を集中すべきことを，早い段階から提案していた。

　3年前に，筆者がある大学の遠方の講演会に呼ばれた際，たまたま同じ講演会にて講演する方（海軍士官学校の最終期の方）と一緒の部屋に宿泊することとなった。その方の父は，日本最後の空母「信濃」の艦長として，最後はアメリカの潜水艦の魚雷を受けて艦とともに沈んだそうであるが，ある時知人の紹介により，その艦（信濃）を沈めた潜水艦の艦長と対面できたそうである。筆者は戦争について祖父から生の体験を聞いた記憶に乏しかったことから，深夜までお付き合いいただき，戦争に関わる話を聞かせていただいた。

　同氏曰く，やはり最大の失敗はミッドウェー海戦で，当時は早期戦争終結のためにハワイにいる40万人のアメリカ兵を捕虜にするという壮大な計画であったが，なんと飲み屋の店員までもが，「次はミッドウェーだってね」と言っていた日本の情報統制のレベルだったようである。また，戦略の観点からは，大和ほか艦隊を温存しようとした結果，主力戦艦は遥か後方に控えており，これら守備力のある戦艦と，攻撃力のある空母が離れ，また，真珠湾の際に6隻であった空母も，作戦を急ぐあまり4隻と，選択と集中の観点にはそぐわないフォーメーションであった。また，半藤一利氏は，あまりにも相手を過小評価し，どうせ出てこないだろうと，職責を放棄して雲の上を飛行する日本の偵察機について述べていたが，実際，ミッドウェーにおいては，運悪くアメリカの偵察機が先に日本の空母を発見したのである。

　ミッドウェーの出撃日時は5月27日であったが，これは海軍記念日である。近代戦を戦うのに，バルチック艦隊を破った日に出撃する，というのは如何なものであろうか。更には，参謀長が作戦を立てる時間がなく，準備が整っていないことを主張したが，結果的には記念日のほうを優先してしまった。また，真珠湾攻撃の際の戦死者につき，潜航艇隊員が軍神とされたのに対し航空隊員は進級しておらず，これらの調整に参謀長自ら駆けずり回って作戦を立てる暇がなかったというから驚きである。

最後に一番重要なポイントとして，当海戦においては，ミッドウェー島の攻略と，敵空母艦隊の殲滅，という2つの目的を有していたという事実が挙げられる。筆者も経営の現場において，戦略レベルでの2つのミッションの存在がいかに混乱をきたすかについて，思い知らされる機会が多々あった。マネジメントの目線にて経営に臨まれる経営企画部のスタッフも，このような戦略のあり方については特に肝に銘じて欲しいと思う。

　昨年（2014年度）のノーベル賞では，青色ダイオードの世界的貢献を賞し，もと日亜化学工業社員の中村修二氏が受賞した。筆者は，島津製作所で，同じく会社員時代にその業績をあげたノーベル賞受賞者，田中耕一氏と比較してみると，その仕事に対する価値観においての違いが如実に現れており，またそれぞれが果たした貢献も大きく本質を異にするのではないかと感じた。

　中村氏は，その発明の対価として，日亜化学に対し訴訟を起こし，その報奨に係る請求額はなんと200億円[15]まで跳ね上がった。これは日本の技術者を奮い立たせる良い機会となり，日本のこれからのイノベーション創出に資する大きな契機になったとも言える。

　一方，田中氏はいわゆる「企業人」で，ノーベル賞受賞後もその対価を請求することもなかった。実直に研究を続け，またこれまで多くの企業や社員の研究者に支えられ，研究内容に関わったことを忘れず，「義」を重んじた行動は，今後マネジメントに携わるスタッフの経営姿勢に影響を及ぼすであろうし，また日本国民がかねてより生来的に備えていた尊い一面だと感じる。

　とにかく利益が上がればよい，勝てばよい，それ以外の価値基準はない，というような世界はニヒリズム[16]である。私自身，社会の不道徳化を嘆くほど立派な道徳心を持っているわけでもないが，現在，日本で起こっている出来事としては，他国に見られないような，テレビでの無意味なバラエティー化や付和雷同する一部のマスコミ，社会現象として起きている豊かさの中でのニート

---

15) その後，和解が成立し，裁判所より中村氏への8億円の支払い命令が出された。
16) 哲学者ニーチェの言葉で「最高の諸価値の崩落」を指す。目的の崩壊，統一の崩壊，真理の崩壊，の3つの特質を挙げた。

の増加，駅前の景観を度外視した広告の存在，またその広告の中には公共の機関にもかかわらず，パチンコや射幸性を煽（あお）るゲーム関連の広告までもが存在し，それら一連の事象を恥ずかしいものとするべきか否かの価値判断も，今の日本人は失ってしまいつつあるのではなかろうか。

　フランシス・フクヤマが予言したように，アメリカ民主主義が勝利し，日本も十分な豊かさと自由を手に入れたように思われる現在，強い使命感や気概を失った「最後の人間[17]」のように，ただただ自分の利益と権利だけを追求するような，ルサンチマンにも似た人間が増えるのではないかとの危惧を抱かざるを得ない。

　そこで最も重要とされるのは，プラトンも「国家」で強く唱えたとおり「教育」以外になく，少しでも日本人の倫理的な価値観の復興を目指すことである。岡倉天心や新渡戸稲造らが述べたように，日本は神道からくる自然や先祖への崇拝，仏教からくる運命感や死生観，そして儒教からくる道徳観，これらの融合を高度に遂行してきたのがこの「日本」である。よって特に若い読者は，これら問題を自身の命題としつつ，真摯に歴史に対峙し，人生を探求し，日々，組織の枠を超えた国家社会に対し，どの程度の貢献をなし得るか，について深く心の底で考えておいていただければと切に思う。

---

[17] 崇高な理想や気概を失った，ただ生命の維持や生活の安全のみに関心を持つ人間。

第3章

経営企画部の業務内容

1 中期計画の策定

1-1 中期計画策定に係るアプローチとは

　ここでは，経営企画部の重要業務の1つである，「中期計画の策定」について述べたい。まず，中期計画を策定する目的としてはいくつかのパターンが存在する。

　まず，直接・間接を問わず，資金調達が必要な企業は，中期計画を策定することが通常である。なぜなら投資家や金融機関は，それぞれエグジットと言われる出口戦略や，与信期間に係る回収可能性を吟味する必要があるからである。もちろん手形貸付などの短期資金の場合においては，当期の予算計画などで足りることとなるが，公的な金融機関の制度融資などのように5年を超える資金については必ず求められることとなる。

　また，アライアンスやM&Aを検討する場合においても，候補先との交渉の中で中期ビジョンを指し示すことから中期計画は必要となろう。社内での目的としては，経営管理上，策定を行う企業や，社内での新規事業の承認のために計画を策定するパターンもある。

　これらをまとめると下記のようになる。

> ⅰ）社内目的：経営管理上，計画を策定
> ⅱ）社内目的：新規事業に係る投資の承認のため，計画を策定
> ⅲ）社外目的：アライアンスやM&Aのため，計画を策定
> ⅳ）社外目的：投資家からの資金調達のため，計画を策定
> ⅴ）社内目的：金融機関からの資金調達のため，計画を策定

　次に，中期計画の策定については，どのようなアプローチがあるのであろうか。ここでは代表的な2つの策定の方法について紹介したい。

> ⅰ）トップダウンアプローチ
> ⅱ）ボトムアップアプローチ

　まず，ⅰ）のやり方は演繹的であり，区切りの良い数値目標を先に立て，それを各事業部に配分していく方法である。これらは株主からの期待値や上場のタイミングで達成すべき利益水準[1]，社員総会にて指し示す会社のビジョンや協業先との中期目標など，標語に近い目標を掲げ，これに向けて各事業部が計画を策定し，各積み上げとのギャップについては「新規事業」や「企業買収」などで埋めるパターンである。トップダウンアプローチにおいては，各事業部からの前年対比をベースとした積み上げだけでは目標値を達成できないことが多く，この場合，トップ自らそのギャップを埋める方策を指し示す必要がある。

　次に２つ目のボトムアップアプローチであるが，こちらは，各事業部の中期計画の積み上げ値について経営企画部が上乗せ交渉を行い，それらを集計して全社グループ合計を算出，中期計画を策定するパターンである。

　一般的な事業会社においては，上記２つのアプローチを採用しているところが大半であるが，残念ながら成功している会社は少ないのが現状である。それではなぜ成功しないのであろうか。筆者はそれらの要因を下記のように考える。

① 昨今の極めて早い事業環境下において，計画執行の早い段階で乖離が起きてしまい，目標達成の信憑性（しんぴょうせい）がなくなると同時に各事業部のやる気がそがれ，結果，中期計画そのものが形骸化する。

② ①のように早期にギャップが生じた場合，そのギャップを生じさせた因果関係につき把握する制度がない，またはそれらギャップ要因の分析を織り込んだ計画立案になっていない。このため更に誤った戦術を採用し，外部要因の分析のみに執着し，よって当然の帰結として，中期計画の存在意義がなくなる。

---

[1] 上場直前期（新興市場）においては，経営利益１億円を達成しなかった場合において，数値についての蓋然性を証券取引所に対し説明する必要がある。

よって，これらを解決するため，マーケティングの側面も交えた，次の3つのステップが中期計画立案において極めて重要である，と考える。

1-2　中期計画策定の3つのステップ

（1）中期計画の1stステップ（戦略視点）

まず中期計画の1stステップでは，現行のコアの事業とポジショニングに加え，将来の時間軸を加味した戦略を定義することから始める。ここでは将来的な地位・ポジションに係る目標を達成するための投資の試算および撤退基準，また，執行担当の任命についての検証をしっかりと行うことを忘れてはならない。更には，上記ポジションを達成するための，差別化する機能を，営業および管理視点で事前に特定しておくことが不可欠である。

図表3-1　中期計画の1st STEP（戦略視点）

> 1．現行のコア事業と生存領域および将来のコア事業と生存領域，また，それぞれの市場ポジションを定義
>
> 2．1の将来の地位を達成するための，投資の試算と執行担当の任命，撤退基準の明確化
>
> 3．1の将来のポジションを達成するための，差別化する事業機能（業態や広義のブランド，販売形態）および特化する管理機能（商品管理や生産，組織人事，物流機能やシステムなど）の特定

（2）中期計画の2ndステップ（戦術視点）

次に計数目標の設定を行うが，ここでは上記マーケティングから得られた強化要因が，計数に与えるインパクトを仮説立てていく作業となる。ここでいう計数目標とは，単なる営業利益率などではなく，**図表3-2**に示される構成比率（％）を指す。なぜなら，筆者が考える「構成を変化させること」は，外部要因のようなコントロール不可の要因とは異なり，広義の意味においてコントロールが比較的容易な社内要因に近いものとされ，自社の自助努力または事業遂行力によって達成される確度が高いとも言えるためである。よって蓋然性が

高いこれらの目標は，ステークホルダーへのIR説明時において説得力を増し，外部からの協力を得られやすいのも特徴の１つである。変化させる構成については，**図表３-２**の１から５の項目が挙げられる。

図表３-２　中期計画の2nd STEP（戦術視点）

１．新規事業および既存事業への投資構成
２．顧客構成
３．仕入・生産・商品構成＊
４．流通構造
５．人的リソースの構成
＊仕入・生産・商品構成によって，運転資本（売掛金・買掛金・在庫の回転期間によって算出される，必要運転資金）を試算，将来の貸借対照表における数値に反映を行う

（３）中期計画の3rdステップ（財務指標への落とし込み）

　最後に売上高および経常利益高が算出される。通常，売上・利益目標から入る中期計画の立て方とは逆のアプローチであるが，これらはマーケティングの要因を重んじた，アナリシス・ファースト（分析から入るアプローチ）の考え方と言える。企業の多くはソリューション・ファースト（まず解決策から思考）という考え方であり，経営に係る計数ではなく売上・利益などの財務数値を先に検討する。このような考え方の企業では，この事業に注力するから売上が前年比○％伸びるはずである，という経験則に基づいて数値を設定しているため，外部から見た場合に蓋然性のないものになってしまい，監査法人のショートレビュー時などにおいて「計画の前提条件についての吟味が充分でない」と判断されてしまうことになる。

　計数目標については，主に**図表３-３**の目標を提示することとしたい。昨今では「生産性」に係る指標や，中期貸借対照表の計画を重視し，３の運転資本項目に係るCF指標や４のROE，ROAといった指標が経営評価指標として用いられる。

図表3-3　中期計画の3rd STEP（財務への落とし込み）

1. 売上高および経常利益高
2. 1人当たりの売上，粗利，利益，その他「生産性指標（目標）」
3. 貸借対照表における，現金残高・運転資本（2nd STEPの「仕入・生産・商品構成」によって算出），
4. ROE（株主資本利益率），ROA（総資本利益率）ほか，代表的財務指標

1-3　中期計画策定における経営企画部の役割

　では中期計画策定において，経営企画部の役割について述べてみたい。まず大切なことは，執行する担当者本人が具体的な戦術を含めてストーリーを描け，腹に落ちた中期計画を策定するということである。ボトムアップアプローチにて積み上げた数値がトップの意向と大きく乖離した場合，売上の大きな事業部や子会社に対して更なる負荷を掛けるパターンがよく見受けられるが，この負荷部分が現実と大きく乖離した場合は，全社計画そのものが絵に描いた餅になってしまうこともありうる。よって経営企画部としては，トップに対し，包括的提携やM&Aを含めた事業展開手法を提言すると同時に，役員と討議を行う検討会を実施する。

　役員の多くは，事業部門や管理部門を兼任していることが多く，検討会の場においてもその事業部の代表としての発言をすることが多いため，検討会を実施したとしてもその調整に困難を極めるケースが多々見られる。そこではその役員が管轄する事業部の事情（営業成績や課題）はもちろんのこと，役員個人のバックグラウンドや成功および失敗体験，そこから得た学びや経営スタイルから目線の高さまで，あらゆる要素が絡み合って関係してくる。そのような場合は，株主の意向やトップの強い意思決定がないと進行しないことから，経営企画部としては，事前にトップ（代表）にその意思決定の持つ重要性や指導力を発揮する覚悟について受け止めてもらう必要がある。

2 年度予算の策定

2-1 年度予算策定のポイントとは

　ここでは年度予算の策定の手順および注意すべきポイントについて記したい。まず，予算管理において，注意すべき点として**図表3-4**の3つのポイントが挙げられる。

図表3-4　予算策定のポイント

---
1. 「中期事業計画」と連動しているか
　（中期計画と連動した部門別の「月次」予算を，文書化した「アクションプラン」に合わせて策定）
2. 売上・粗利を裏付ける「根拠」はあるか。
　販売管理費についても同様に「増減の根拠」はあるか。
　（B to Bであればクライアントやプロジェクト毎，B to Cであれば店舗毎など）
3. キャッシュフロー予算・バランスシート予算を含めた
　「総合予算」になっているか

　3．のキャッシュフロー予算・バランスシート予算については，今後上場を目指す企業にとっては必要事項である。バランスシート予算における，売掛金回収や買掛金支払い，在庫や現金残高の推移については，2の損益計算書の月次予算に連動させる必要がある。米国におけるカンパニー制とは異なり，日本の事業部制においては，バランスシートの管理まで義務付けているところは少なく，この場合は全社的にみた運転資本に係る予算管理を遂行することとなる。ここで注意すべきは，予算管理プロセスがきちんと整備されていたとしても，予算と実績が大きく乖離した場合においては，予算策定の管理能力に欠けると判断されてしまう点であり，これは大幅に予算計画を上回ったときも同様であ

る。もちろん，控えめな計画に対し，上方修正をするやり方も評価されるが，やはり予算の精度という意味においては，可能な限り乖離幅を安定的な範囲にとどめるべく努力するべきである。

2-2　年度予算策定における3つの方式

次に予算の編成における方法論について述べたい。中期計画の策定と同様，トップダウン方式とボトムアップ方式が存在するほか，最近では「トップダウン方式とボトムアップ方式の調整方式」が数多く用いられる。

図表3-5　予算策定の方式

1　トップダウン方式
　　役員や経営企画部が各事業部の予算を策定。予算編成が容易な一方，現場の意見が吸い上げられず，数値が形骸化するパターンも懸念される。また，途中で乖離が大きくなり，年度後半は現実的でないリカバリープランの連発となるケースも多々見られる

2　ボトムアップ方式
　　事業部門ごとに予算を決め，これらの積み上げにより予算を編成，トップの求める方針と乖離する懸念あり。また，前年度からの伸び率を考慮し，それ以上は目指さないなど，実績追認型となってしまうことも

3　調整方式
　　まずトップの方針を予算編成時において提示。その方針に従い各事業部が予算を立案，その後，経営会議等で両者調整を実施

2-3　年度予算策定の手順

次に予算策定の手順について見ていきたい。まず全ての予算は販売計画から立案される。その後，予想損益計算書（月次）へ統合され，予想バランスシート，予想キャッシュフロー表へと反映される。

では，策定した予算について，どのようにPDCAに落とし込んで管理していけばよいのか。次にPDCAごとに注意すべきポイントをおさえていきたい。

（1）Plan（計画）～計画に根拠はあるか

　計画において注意すべき点は，「前年比10％増」などと，根拠のない予算になっていないかどうかである。トップダウン方式においてありがちなパターンであるが，一方的にトップが各事業部に対して売上目標を細分化して割り振るやり方が多々見られる。これは各種施策，アクションプランが後付けとなってしまい，結果，実現不可能な施策を付け加えるか，もしくは施策がない数値の積み上げをしてしまうことになる。計画では打ち手の効果を数値に置き換える作業が必要である。よってこれら施策を仮説立てて設計していくこととなるが，目標を達成するための充分な施策が整っているか？　につき，経営企画部スタッフは再度検証する必要がある。

（2）Do（実行）～実行に際し傍観者になっていないか

　事業部に数値を割り振った後の実行フェーズにおいて，トップや経営企画部が具体的なマーケティング戦略や戦術を与えず，事業部の自由な裁量に委ねて放任すること，また，トレードオフになる施策を強要することについても注意しなければならない。たとえば，割り振った数値の実現において，他の事業部やトップのサポートが必要な場合，これらを無視して事業部の自主性に任せておいても成功する確率は低い。また，売上（の増加）とのトレードオフの関係になる費用項目を削除した場合，たとえば販売人員を減らして，もしくは仕入れや販促費などのコストを減らした中で，売上のアップを期待するのは困難を極めるはずである。また，P（計画）の段階で高い目標を設定した場合においては，より大胆，かつ精緻で，各事業部門や機能部門が有機的に結び付くような全社的施策が必要となる。このため，実行フェーズにおける各事業部門の「責任の明確化」および「見える化」はもちろんのこと，他の事業部への貢献に係る「公平」な業績評価や成果配分を明示することによる，「動機付け」の要素も忘れてはならない。

(3) Check（確認）～変動要因は一過性か・コントロール可能か

確認のフェーズにおいては，会議体を利用することとなるが，予算計画と実績との乖離の認識に終始し，それらの数値が増減した真因，因果関係をつかめていないケースが多々見られる。よって数値の乖離が生じた際には，これらの要因が外部要因などによる「一過性の要因」であるか，ブランド力の低下や販売力低下などの「構造的な要因」であるか，の把握が必要となってくる。また，これら発生した課題に対し，マクロ的な外部環境のように自社でコントロールが不可能なものか，顧客や競合のような準コントロール可能なものか，もしくは内部要因で取り上げられる売上構造やコスト構造のようにコントロール可能なものか，に分類して分析を行い，次なるアクションに繋げる必要がある。また，分析の基本である「分解」を行い，どの事業セグメントが乖離しているのか，商品・ブランドではどうか，ディベロッパー毎の販売額や地域などのチャネル別ではどうか，など切り口を変えてみることにより，問題の特定化を行っていく。

(4) Action（改善）～仮説のマネジメント

最後に改善のフェーズにおいて，経営企画部スタッフは激励のみの指示にならないよう注意を払わなければならない。ここで重要なことは，数値目標を見直すという作業にすぐに着手してしまわないことである。まずはP（計画）・D（実行）のところで述べたとおり，まず数値の背景には「施策（戦術）」があり，また，その上位概念として「戦略」が存在する。また，戦略・戦術の背景には「仮説」があることから，まずはこの仮説を見直す作業から着手を行う。

たとえば，「アジアからのインバウンド消費が○○チャネルにおいて増加している」「消費者のファッション嗜好が○○に移行している」という仮説から計画を立てていたが，これらの仮説が間違っていたとして再度仮定を見直すこととする。そうしたケースにおいては，戦術段階において，ターゲットとしていた消費者向けの商品構成や販売チャネルを見直す作業が必要となり，これを受けて，数値目標にこれら施策の変更がもたらす売上・利益インパクトを落と

し込み，目標を見直すこととなる。

（5）PDCAを回す仕組み～「書く」文化の醸成

最後に具体的な月次決算管理のやり方について触れたい。まず，当月の月次決算においては，過去の数値とともに向こう3カ月の予測数値，また計画との対比を載せるかたちが一般的である。そこで，社内において「仮説立てて分析を行う」文化および「書く」文化を醸成するために，「差異分析のコメント」ならびに「予算達成のための翌月以降の施策」についての記入を必須とすべきである。

また，社内における月次決算の発表の重要な目的は，「実績の分析を行う＋翌月以降の施策に係る意思決定を行う」ということである。したがって，月次決算の締めは，このことを考慮した期日設定となっている必要がある。よく見られるスケジュールとして，定時取締役会が月の最終週に行われることから，月次決算発表も役員会のタイミングに合わせて行う会社があるが，これでは当月の施策に係る意思決定には利用できなくなってしまう。現実として月次決算の締め日は，10営業日以内，取締役会への報告は15日以内を目安とすべきである。

3　戦略的法務の実践

3-1　契約書を読む際の注意点

次に，契約書を読む，もしくは作成する上での基本について解説したい。最初に考えなくてはならないのは「自社の置かれた立場について」である。業務委託基本契約書から包括的業務提携の契約書に至るまで，まずは自社が有利か否か，どのようなポジションを占めているかについて考えてみたい。ビジネスにおける優位性は，相手方が自社にとって「代替」可能かどうか？　というこ

とが強く関係する。契約の相手方が現在の交渉先でなくても，他に潜在的な販売先・仕入先・提携先があるのであれば，強気な姿勢での契約の交渉も可能となってくる。これらビジネス上の優位性を加味し，案件の受け手（受注者）と出し手（発注者）の両方の側面から，いかに自社に有利なようにクロージングに導くかが，経営企画部の腕の見せどころである。まず，リーガル強化の基本ステップとして，図表3-6の項目を確認したい。これらは，事業部長レベルで，自社（自事業部）が案件を獲得し，同時に他の会社に外注にして，ある事業を遂行する場合の一般的なケースである。

図表3-6　リーガル手続の基本ステップ

1. 発注先との契約の基本項目確認（契約日，委託内容，金額，検収日，支払日など）
2. 外注先との契約の基本項目確認（同上）
3. 確実に契約書を締結するよう確認
4. 発注先および外注先との両方の契約の照らし合わせ・精査（①委託内容）
5. 両方の契約の照らし合わせ・精査（②金額）
6. 両方の契約の照らし合わせ・精査（③期日）
7. その他の契約内容の精査

《上記リーガル手続の基本ステップ補足説明（3～7）》

3　確実に契約を締結：業界によっては契約書を締結する意識が低い会社もあるため留意する必要あり。

4　①委託内容の確認：上記，発注先からの委託内容と同じものを，網羅的に外注先に委託できているか。なお，発注先からの委託内容については，「その他，発注先が指示した内容」や「関連する全ての事項」というように，別途，発注先から委託内容を追加されないよう注意が必要である。

5　②金額の確認：発注先からの受注金額と外注先への支払額との差額が，自社もしくは自事業部でアサインするプロジェクトメンバーなどの社内人件費を無視した利益（粗利）となる。

6　③期日の確認：検収および支払日について，適切な日程となっているかを確認。検収期日については，発注先とは期間を短く（自社有利），外注先とは期間を長く，を原則とし，支払日についても，発注先からの払い込みよりも前に外注先に支払うことのないよう，キャッシュフローを意識した契約にしなければならない。

7　その他の契約内容の精査：上記①から③の基本項目以外に，事業リスクや法的リスクに係る項目（保証や瑕疵，賠償など）がある。これらのリスク移転ができているか？　の確認はもちろんのこと，自社が優位に交渉しやすい，すなわち契約書の内容変更を依頼しやすい外注先に対し，自社優位の内容（含支払い関連事項）にするよう，再度検討を行う。今後は知財に係る戦略的取り扱いも大きな要素に。

では具体的に，自社に有利である？　とは，どのような条項に反映されるのであろうか？　もちろん個別契約書に書かれる支払額や支払条件，または業務内容そのものにおいて表現されるが，契約全体を見る際に，自社の優位性がすぐわかる条項が下記のⅰ）とⅱ）である。

ⅰ）解除条項　　ⅱ）損害賠償条項・保証条項・免責条項

　ⅰ）解除条項については，自社から解除することが可能かどうかを確認する。もし，相手方のみが解除権を有しているのであれば，申し入れから解除するまでの期間をできるだけ長くするよう交渉し，自社の（当案件）に関する撤退の時間を稼ぎ，他には「中断」についても，相手方からの一方的な中断については「相手方はその期間における支払義務を免れないものとする」というような自社に有利な文言も加筆したい。

　ⅱ）の損害賠償条項は，トラブルが生じた際に非常に問題となる。まずは自社側に損害賠償の義務や保証の義務がないか，を確認したい。次に，自社側から損害賠償請求ができるかという点にも注目したい。更には，どんな場合に損害賠償責任を負うのかについては，「過失の有無にもよらず」などの表現が

入っていた場合は非常に不利な条項である。

　免責条項においては，他に責任を逃れたいことがないかにつき，オペレーションレベルで全て洗い出し，必要があれば追加しなければならない。

　では，自社が弱い立場であった場合はどうすればよいか？　これはよく勘違いをされがちだが，自社が有利でない場合においても，契約に注文をつけてはならないことは一切ないのである。お互いの利益に資すると判断し，より良い方向に向かうために契約交渉の段階に至ったわけであるから，企業間同士であれば解除などの条項を対等にすることは可能と考えて交渉したい。

　次に経営企画部が法務を管轄するメリットについて述べたい。経営企画部が法務確認を担当する場合，その仕事の性質上，契約に係る事業内容の理解に努め，また会社全体の価値向上という視座に立った契約書策定や交渉が可能であることが挙げられる。たとえば，顧客の生涯価値という観点で相手方を見た場合，今回の契約においては妥協できるところは妥協し，次のプロジェクトで大きく果実を取るというような大局的な戦略で考える，などである。もちろん法務部で法務を専門に行っている会社も多数存在するが，その場合においては，経営企画部スタッフとして，法務部が気付かないような事業リスクを指摘し，または収益機会の獲得可能性を契約に埋め込むことが望ましい。

① 契約書の条項

　ここでは契約書の品質を上げるための，契約書を構成する要素（条項）を見ていきたい。まず，定形の条項は下記のとおりである。

> 1．定義（複数回使用する言葉や疑義を生むおそれがある言葉を定義）
> 2．商品・役務（特に自社が委任される，または請け負う立場であった場合は特定に努める）
> 3．期間（自動更新の有無などを決定）
> 4．価格（商品や役務に対する対価）
> 5．支払条件（最近はキャッシュフローに軸足を置いた経営が重んじら

れ，重要な項目の1つ）
6. 通知方法（業務責任者や，通知の手段・頻度について記載）
7. 債務不履行（債務が履行されないケースの対処を定める）
8. 中途解約（期限が到来していない場合でも解約できる条件を定める）
9. 権利の譲渡（契約上の権利を譲渡することについて定める）
10. 損害賠償（損害に対する賠償方法。やむを得ず明記される場合は，上限を決めておくケースも）
11. 不可抗力（英語でいうActs of God（天変地異）などの際の対処法）
12. 裁判管轄・準拠法（海外との契約の場合は特に重要，ときには第三国（NYなど）のケースも）
13. 契約の変更（契約変更時のルールについて定める。トラブルを避けるため文書にて実施すべき）
14. 契約の終了（契約の終了時の取扱い）

次に非定型の条項について見ていきたい。

1. 納品（個別契約に書かれるパターンが多いが，納期や検収方法について定める。相手方が発注先である場合は，検収期間は短くするよう交渉するのが通例である。通常，納品⇒検査⇒検収，となる）
2. 下請け，再下請（相手方が行う再委託・下請けについては，書面にて了承を取ることとし，また，機密情報の取扱いなど，下請け先に対し同様の義務を課すこと，を明記していくのが望ましい）
3. 瑕疵担保責任（隠れた瑕疵について定める。瑕疵担保期間は，請負の場合，定めがなければ1年間であるが，相手方が発注先である場合は，6カ月など短く定めることも考慮）
4. 保証（ある事実の保証や，品質・動作保証など）
5. 免責（どのような場合に責任を負わないのかについて明記）

6．知的財産権の取り扱い（特許権，著作権の取扱い。権利を所有し，使用権を認める，または共同にて所有する，など権利関係について定める。また，ブランドのエージェントもしくはディストリビューターとして代理店に従事する際には，商標はどちらが取るのか，また，その費用負担についても取り決める必要がある）

7．秘密保持（秘密情報の破棄や存続期間についても注意したい）

② 締結すべき契約書の種類

まずは取引やパートナーシップの交渉を始める前には機密保持契約書を締結する必要がある。これらはCA（confidential agreement）もしくはNDA（non-disclosure agreement）をいい，必ず自社の機密情報を開示する前に締結すべき契約書である。注意するポイントは以下のとおり。

1．双方が機密保持を負う契約になっているか
2．機密保持を対象とする情報を定義しているか
3．機密保持期間終了後の書類の処分など，情報破棄に係る条項は明記されているか
4．機密保持を負う期間は何年になっているか（通常は3〜5年など。永久に負うケースもあり）

次に，「反社会的勢力に係る覚書」であるが，昨今では東京都の条例により特に上場企業・上場を予定している企業などとの取引においては締結を求められるケースが多い。ここでも同様に，双方向のイーブンな契約（双方が義務を負うかたち）になっているかにつき，注意が必要である。下請け業者を使うケースの多いITサービス業や広告代理店業などにおいては特に注意が必要である。たとえば，下請業者と当該契約書を締結していなかった場合，当下請業者と反社会的勢力との関係が明るみになった際に，下請け業者との契約を解除することができず，元請けから契約解除を申し入れられるケースも想定される。

③ 「基本契約」における委託者・受託者の違いにおけるその他留意点

　契約書には，基本契約書と個別契約書がある。具体的な委託内容や金額，支払方法については別途，個別契約書で定められるケースが多く，個別契約書において定める内容について，基本契約書内において明記するかたちとなる。委託者，受託者の立場においては，下記の点について注意して見ていきたい。

ⅰ）「成果物」の取り扱いについて，瑕疵担保期間は，委託者であれば1年，一方，受託者であれば半年と期間を短くするようインセンティブが働くようになる。

ⅱ）「成果物」の検収について，受託者の場合は，「個別契約に検査終了期日の記載のなき場合は，引渡しの日より7日間をもって検査終了日とする」など，検収の完了期間を（短めに）設けておくべきである。

ⅲ）「機密保持」は，双方が機密保持を負うことになっているかの確認を行う。このように機密保持条項や，反社会的勢力に係る条項を，基本契約に含むケースも多い。

ⅳ）「知的財産権」は，自社が委託者の場合は，「知的財産権は委託者に帰属すること，また委託者は，委託者に所有権が移転した成果物を自由に使用，収益，処分することができること」を条項にて確認したい。一方，受託者においては，基本契約にて縛られたくない場合，または個別ケースによって異なる場合を想定し，「委託者に譲渡され，または委託者に許諾される知的財産の範囲は，委託業務の内容において定めるものとする」とすることも考えられる。また，受託者としては，「自社が個別契約以前に既に所有する知的財産権は自社に帰属する」というように，従前から保有する知財については確実にプロテクトしていきたい。

ⅴ）最後に，「解除条項」については，2カ月前など，きちんとプロジェクトの引き上げに支障の出ない期間設定と，双方が権利を持っているかにつき，確認したい。

④　「個別契約」締結時における留意事項

　まず，重要なポイントは，業務内容の箇所に「委任型」もしくは「請負型」をはっきりと明記することである。委任型，主にコンサルティングなどのケースなどにおいては，成果物の完成の義務が生じることはないことから，「業務報告の方法」として，「報告形式（月次作業報告書など）」「報告期日」「報告手段（報告会なのか，文書・メールなのか）」を記載することとなる。一方，システム開発などの受託型の場合は，対象となる成果物の定義や，納入期間，納入場所および検査完了期日を明記し，業務内容・納入期間，検査完了期日，支払期日，のそれぞれがきちんと紐付けされ，経理側がきちんとプロジェクト管理，集計できるようにしなければならない。

3-2　経営企画部による契約締結における戦略的視点の導入

　最後に，経営企画部の戦略的視点を取り入れた契約内容について述べたい。企業の成長パターンとしては，特にベンチャー企業の場合は，①卓越した技術が存在し，一気に市場を抑えるパターンと，②主要顧客が成長，もしくは発注を増やすことによる売上の急成長，の2つが考えられるが，2つ目のコア顧客との取引深耕をどのように行っていけばよいのか，について考察したい。

　これまでよく見られるケースの1つに，個別のスポットにて契約を締結し，また業務内容が曖昧であるため，当初議論された業務以外の内容についても，赤字で引き受けてしまうパターンが挙げられる。一番いけないのが契約の締結なしで業務を行うケースであるが，広告代理店業界など，いまだ業界によっては契約書がない状態にて取引がスタートするケースがあるので注意が必要である。また，契約が締結された場合においても，請負型の契約で期間が定められていることから，前述のケース同様，場合によっては赤字以上の仕事を引き受け，また契約期間が終わると取引が切れてしまい，悪くいうとノウハウだけが吸い上げられて終了，となることが充分起こりうる。

　では，契約の相手方が将来の潜在的コア顧客と想定した場合，どのような姿勢で契約交渉を行うのが望ましいのか？　これらは経営企画部スタッフならで

はの視点で，次のような形態が想定される。

> 1．包括基本契約の締結
> 2．案件内容に鑑み，複数の業務委託契約にて締結
> 3．今後の協業の動き（市場展開・商品サービス展開）を想定した，各種条項の検討

まず，1つ目の包括基本契約については，予め経営企画部が社内会議を行い，自社の横断的な役務サービスに係る提供機能を議論し，これらのサービスを各方面から，全社的に一気通貫にて顧客に提供することによる「単価アップ」の実現を目標とする。

2つ目には，業務委託契約や，成果物を伴わない委任型の契約とし，これらはITの保守運用のようなかたちにして，包括基本契約に関連するサービス提供を行うものである。これには基本契約にて行った業務に関係する，教育や指導，商品・サービスのカスタマイズなどが想定され，いわゆる「取引関係の長期化」を目標とする。

3つ目の「今後の協業の動き（市場展開・商品サービス展開）を想定した，各種条項の検討」は，上記の基本契約や個別契約締結時において，対象とする潜在的コア顧客との市場展開や商品開発，費用分配や知的財産の取り扱いにおいて，何らかの制約を相手方に与える，もしくは自社に（優先的な）権利を与えることなどである。これにより，今後の展開もしくは展開に先立っての交渉において有利な立場に立ちやすくするのである。

これら戦略的な視点をもって，経営企画部自らが企画して事業を統括する部署等と連携し，将来を含めた事業に係る機会およびリスクを洗い出すとともに，当社の交渉における立場や契約締結の社内ニーズに鑑み，契約の交渉・クロージングを行うよう努めたい。

3-3　契約締結の際のリスクマネジメント

契約においては，重要な契約締結に係る起案者であるミドル層と経営企画部

が連携を取り，リスクコントロールと，将来のビジネス機会の獲得という両方の観点より，戦略的に交渉していくことが望ましい。現在，契約のひな形が簡単に入手できる時代となり，契約作成の実務がより身近になった一方で，契約自体のトラブルはより深刻なものとなってきており，中には企業全体に致命的な損害をもたらすケースも増加している。

契約のトラブルについては，主に①締結時に交わした契約内容について，お互いの認識に齟齬がある場合と，②契約どおりに履行されない場合，とに大別される。特に①の相互間で齟齬が生じる場合は，下記のようなケースが考えられる。

(1) 契約者間での齟齬が生じる余地が大きいケース
 (例) ① コンサルティングなどの役務サービスの提供
   ② ライセンスなど権利の使用に係る取り決め，提携から株式譲渡まで広義のM&Aの実行
   ③ 高い専門性が要求される請負業務など

コンサルティングなどの役務提供サービスについても，実際の業務内容が曖昧な場合が多く，また契約締結後に業務内容の詳細を詰めることになっている場合もある。M&Aについては，そもそも企業の守秘性が高く，事前に充分な査定ができない可能性がある。更には財務内容に粉飾がないか，訴訟リスクを抱えていないかなど，短時間でデューデリジェンスを行う必要があり，高度な専門性を伴うことも事実である。また，専門性の高い動産の譲渡や発注については，その技術的な理解が追いつかないために，成果物においてトラブルに発生するケースが考えられる。更には専門性の高い案件の1つとして，システム開発の事例が挙げられ，RFPと呼ばれる要件定義の実施時において，発注側と受注側が，きちんとオペレーションレベルまで落とし込んですり合わせを行っていないと，受注側にのみ任せる要件定義のやり方ではトラブルが発生する危険性が高い。システム開発はコンサルティングと同様，プロジェクトの責任者

の力量によるところが大きいので,担当者の人的見極めについても注意が必要である。

(2) 時間軸の長さから契約どおりに履行されない可能性が高いケース

まず,契約における時間軸の概念は下記のとおりである。
(時間軸の違いにおける3つのパターン)

① 物品販売など,1回のスポット取引で,短時間で完結するもの。これには役務の提供も含まれる
② 上記の取引で,目的の履行(物品の受け渡しや支払い)が長期間に及ぶもの
③ システムの保守運用サービスなど,継続して提供してもらうもの

図表3-7 リーガルリスクの高さ

```
齟齬が生じる余地の大きさ
(生じる可能性が高い)
↑
│                                    M&A契約
│        コンサルティング契約      システム請負契約
│                                    ライセンス契約
│     システム業務委託契約
│        商品売買契約          システム保守運用契約
│                        雇用契約
│                   建物賃貸借契約
│  不動産売買契約        金銭消費貸借契約
│
└─────────────────────────────→
                          取引・支払の時間軸の長さ
                          (時間を要する)
```
商品売買契約ではインポートなどの時間軸の長いものが存在し,また,金銭消費貸借契約においても貸出期間は様々であることから,上記では「取引・支払の時間軸」の幅を持たせて設定

このように齟齬が生じる可能性が高く(縦軸の上位部分),取引や支払いに

時間を要する部分（横軸の右部分）に属する契約が，最もリスクがあると言えよう。

3-4 リスクが高いと想定される契約締結における経営企画部の役割

　リスクが高いと想定される契約書の締結について，経営企画部スタッフは，個々の案件ごとに，事業部担当者とコミュニケーションを密にとる必要がある。また，契約の目的，相手方との力関係や市場環境などの外部要因も加味した上で，様々なリスクを想定し，それらを予防，転嫁，回避，軽減できるよう対策を講じなければならない。

　次に，情報の非対称性が存在する中での，契約締結をする際の注意点について考えてみたい。ここでは対応策として，下記の3つの方策を取り上げたい。

（1）最初に情報格差の解消に努める

　まずは契約担当もしくは経営企画部の取るべき方法論として，情報格差の解消に努めるステップから入るべきである。これはセオリーであるが，一方で必ずしも情報格差が埋まるとの保証がないことが多い。特にライセンスなどの譲渡やM&Aは機密性が高く，情報開示があったとしても，閲覧できる場所が制限されるなど，制約条件が付けられるケースも多い。

（2）保証表明（抽象的な部分の補填）

　この保証表明の条項を入れることで，契約の目的物に対する事実が真実である旨を表明させ，相手方に保証させることが可能となる。一般的には，物品の売主やサービス役務を提供する側が保証するかたちとなる。たとえば，ライセンス契約において，ライセンスを提供する側が，第三者の特許を侵害していないことを保証する場合などが挙げられる。

　この保証表明は他の契約に応用が可能で，M&A契約においても，売却側に対象会社が違法行為をしていないことなどの保証を入れさせる場合や，不動産

売買契約においては，環境調査を行い，土壌汚染や有害物質の存在がないこと，などの保証を記載するケースもある。

（3）時間軸の短縮

　言うまでもなく，確実にトラブルを回避するには，契約の履行と支払いを同時に行うことが最も望ましい。売買契約などにおいては，目的物の受領と代金の支払いを同時に履行し，代金を支払ったのに目的物がもらえない，目的物を渡したのに代金が回収できない，といったようなリスクを回避できる。一方で，このような契約の締結は実務的には困難なケースも多く，一部前払いなどの処置で実施する場合も多い。よってそのような場合は，支払いに係る前提条件を契約に盛り込んでおくというやり方がある。つまり，予め決めておいた前提条件を相手方が満たさなかった場合は，代金を支払わない，もしくは損害賠償や解除を実施することなどが挙げられる。また，代金をもらう側であった場合，特に専門性の高いシステム開発などについては，いくつかに分けた工程の段階に応じて検収のタイミングを設け，支払いを前倒しでもらう努力をすべきである。他にはコンサルティング契約などにおいても，同様に支払いに係る前提条件を設定する場合がある。

　これまで，契約の基本的な考え方から，法務的な観点からのリスクマネジメントについて記してきたが，ここで述べたかったことは，経営企画部が中心となって戦略的な法務を自社に取り入れることによって，企業をもっと成長させ，発展させることができる，ということである。これまで契約書の確認などのチェック機能を主たる業務としてきた法務部門や顧問弁護士は，経営企画部と連携をとって予防的な法務，戦略的な法務へと軸足をシフトし，ともにより経営サイドに近い立場から事業を捉える，というかたちになっていくであろう。

4 戦略的人事の実践

4-1 人材マネジメントと人材ポートフォリオ

　ここでは「人材マネジメント」について取り上げたい。SWOTにおける内部環境においても，経営資源としての「人財」の占める割合が大きくなる中で，多くの企業において，その人材のスペックやポートフォリオを明確化せずに事業戦略を考えるケースが多々存在する。人材のスペックというと，「履歴書」や「職務経歴書」，「資格」などを思い浮かべることと思うが，それに加え，「職種（営業，物流，財務など）」や「業種（小売業，ITサービス業など）」の切り口や，業務経験，マネジメント経験，その他能力評価（社交性，計画性，計数管理力，企画力，実行力）などが存在する。これらの項目は，これまでの経験により積み上げられた結果に重きを置くものである。

　今後組織が向かう方向において，そのベクトルに合った「役割遂行に係る能力」を検証する際には，下記のような切り口で考える。

　第1に，企業の継続性（ゴーイング・コンサーン）を可能にする長期的な戦略や事業ドメインにおいて役割を発揮する能力，コンピテンシーを指す。第2にその企業の組織文化や価値観の共有度が挙げられ，これらが高いことにより，特に接客業などのサービス業においては社員のモチベーションや自立性にも良い影響をもたらし，ひいてはそのサービスを受容した顧客の満足度が高くなることが期待される。もちろん，人材においては，言うまでもなく人格が大切であり，また一芸に秀でた何かを持った人材というのも組織には有用な存在であるが，まずはスペックを満たすか否かの判断基準が必要となる。

　次に「人材ポートフォリオ」とはどのようなものであろうか。人材スペックをデータベース化した後で，その人材スペックのタイプ別に，いくつかの切り口で分類することが可能となる。企業や組織は，そのいくつかの分類・人材の組み合わせにより成り立つものであり，戦略やビジョンと人材の組み合わせを

連動させる考え方を人材ポートフォリオといい、経営企画部としては、常にそのビジョンと人材の構成に注意を払わねばならない。

では組織においては、人材をどのように育てていけば良いのであろうか。まず、人を育てるやり方は「off-the job training（Off-JT）」「on-the-job training（OJT）」の2つに分けられ、前者は「研修」がその代表的な形態であり、また後者は実際の仕事の経験を通じた学習である。これまでの研究結果においても、後者の「OJT」のほうが、リーダーの育成および一般的な従業員の教育において効果を発揮するということが分かっている。その要因としては、実際の理論や教科書を業務へ落とし込むにあたり、文書化できない「ノウハウ」を直接伝達することが可能になること、また教育する側から仕事の意義などを教わることによる労働意欲の向上、などが挙げられる。現在は配属先の上司がトレーナーになる場合も多いが、その際に労働意欲や帰属意識の低い人材が教育係に起用されたケースにおいては、その意欲を削ぐような発言や態度により、逆に学習者側のモチベーションを低下させる例も散見される。経営者または人事部長はこの点に多大な注意を払わなければならない。これは一般的に、仕事への取り組み姿勢や原理原則は、最初に配属された上司やトレーナーより与えられる影響が大きいからである。筆者の場合も、銀行に入行してすぐに出向し、最初に配属された証券会社の上司の影響を多分に受けている。その上司の仕事への問題意識は凄まじく、その際にプロフェッショナルとは能力だけでなく心構えであるということを直に学ぶことができた。

それではOJTにおいて、どのような内容のものがその個人の学習効果または意欲を発揮させるであろうか。まずは学習者側に受け入れる姿勢が整っていないと意味がないことから、その仕事の内容が小さくても有意義であり意味があることを理解し、また人から押し付けられたものではなく自分から自分がやるべき仕事として認識できるものであることが重要である。次に仕事の難易度のバランスが挙げられ、その個人にとっての達成度・チャレンジ度の負荷の問題にも繋がる。個人の教育、キャリア形成においては、アンゾフの企業戦略と類似するところがあり、その人の経験してきた領域（業種や職種、または産業な

ど）と関連のある内容を与えることによって学習の速度は高まる。また，まったく関連がなくても，その人の既存の能力や経験と掛け合わせることにより，有用であると判断される場合は実行すべきである。最後に，前章において説明した「問題解決力」を実践で学ぶことが挙げられる。これらはあらゆる業務において汎用性のあるスキルであることから，ぜひOJTで取り入れたいところである。その中でも，特に重要な経験は「修羅場における課題解決の経験」である。人は平原のようになだらかな曲線を描いて成長するのではなく，直角に成長する，とよく言われることは，修羅場による「一皮むける」ことによるものである。筆者もコンサルティング会社にて働いていた際，偽装事件で問題となった企業に1人で常駐していたことがあるが，やり切らなければならないというプレッシャーの存在が，大きく自分を成長させてくれた。理想を言えば，このような問題解決型の経験を継続的に与えていくことが，今後のOJTにおいては重要視されるべきであろう。

　ではOff-JTのほうはどうであろうか。多くの企業においては，OJTと組み合わせてプログラムを組むかたちを採用しており，いわゆる現場でのアプリケーション（適用）までの実施を目標としている。Off-JTの最大のメリットは「体系立てて」物事を学習できることであり，これらは比較的迅速に，仕事内容と個人の能力の乖離を埋めることができるのである。もう1つのメリットとして，個人の学習意欲や，自律的な能力向上の意識に寄与するということが挙げられ，これは組織に依存しない「自己防衛的」なスキルアップの考え方ももたらす。「自己防衛的な」と表現したのは，転職を推奨するという意味ではなく，これからは人材育成の責任が「企業・組織」から「個人」へと移行していく，ということを示唆的に表現したものである。

4-2　人材の評価と動機付け

　次に人材の評価について考えてみたい。まず，人材評価を実施する目的は，企業の戦略と方向性に関連づけて人材を判断し，人材ポートフォリオの構築に向けた指標とすること，また，評価そのものを人材育成に活用すること，の2

つが存在する。

　評価軸の考え方としては，職務遂行能力（「基礎能力」を含む），業績成果，働く意欲と大別され，成果を導く因子として「業務遂行能力」「意欲」が存在する。ここで時間軸的な概念を持ってみてみたい。企業が「現在」の業績や戦略戦術の達成のみを目的とした場合は「業務成果」のみの評価で充分であるが，これを「将来」に目を向けた場合は，今後，企業の目標を達成するために，「業務成果」が不十分だった要因はどこにあるのかを，「現在」の視点で分析しなければならない。具体的には，その人の基礎能力に問題があった場合は，前述したOJTやOff-JTを通じて改善する必要があり，また，「業務遂行能力」において，間違った仕事の仕方や業務フローを採用していたのであれば成果には結び付きにくい。

　評価における最後の課題は，どのようにフィードバックを行うか？　である。筆者の携わった会社においても，フィードバックを行っていない，もしくは形骸化して内容を伴っていない例は多い。これらは企業としてフィードバックの持つ「人材育成としての役割」を軽視していることから起こりうるため，ここではその重要性と手法について簡単に振り返りたい。まず，フィードバックにおいては，良い結果も悪い結果も両方伝える，ということが重要視されるべきである。コーチングの世界でも言われるように，良い結果の報告は労働意欲に結び付きやすく，個人の高いモチベーションの維持に効果を発揮する。一方，悪いフィードバックも，その個人の行動修正や能力改善に係る意欲を促すという意味において，人材育成の寄与に大いに役立つと言われている。悪いフィードバックを伝える際に注意すべき点は，なぜそのような評価になったのか，という理由をきちんと説明する必要があるということである。その際の評価や理由の伝達の力量は，その上司や人事担当者によるところが大きい。また，個人の納得感は，個人の過去との比較だけでなく，同じ組織の他者との比較や外部との比較によってももたらされる。このことから，フィードバックを行う際には，統一的な見解やフィードバックのやり方について，前もって組織内での議論を尽くすべきであると考えられる。

では，モチベーションや働く意欲はどのように醸成されるべきであろうか．教科書的には，動機付けには「内発的動機付け[2]」と「外発的動機付け」が存在し，前者はエイブラハム・マズローが主張した自己実現要求によるモチベーションの向上であり，後者は企業から与えられる給与やストックオプションなど，金銭的な対価がその代表である．内発的な動機付けの最たるものは，自分のやりたかった仕事にワクワクして取り組むことであり，最近ではこの認識を誤っている企業や組織も見受けられる．つまり自分のやりたい仕事を自分のやりたい環境で行える人は少数派であることから，企業としても全ての従業員のニーズ[3]を汲み取ることや，その全てを満たすよう組織を作ることは不可能に近い．よってこのような「解」のない中，組織としてどのように個人のベクトルを指し示すのか，モチベーションを引き出すのか，が広義の人材マネジメントと言えよう．

　組織に最も貢献するのは，上司の命令ではなく，自分で望んで行動する自律型人材であり，このような人材をどのように育成していくのか，また組織に浸透させていくのかが，今後の企業の内部資源を考える上での最重要課題となるであろう．よって，個人の自立性や自発性をどこまで尊重するのか，また企業の成長速度や組織の成熟度に照らして，その責任や権限の範疇はどのように設定するのか，について深く考えねばならない．その場合において，個人から組織，組織から個人へ向けての「コミットメント」が軸になるが，どれだけ双方で信頼関係を築けているか？　が土台になることから，この「コミットメント」および「信頼」という点において，常にトップマネジメントおよび経営企画部として意識を高め，ステークホルダーとして捉えた「従業員」に対しIR

2）　内発的モチベーションを研究するロチェスター大学のエドワード・デシ教授によると，内発的動機に影響を及ぼす要因が2つ存在する．1つは能力を発揮し，目標を達成できると認識する「有能感」，もう1つは，今取り組んでいる課題につき，誰からも干渉されず自らコントロールできるという「自己決定感」である．よって，有能感や自己決定感を認識するのは本人であるが，これらの認識を他者が促進，喚起させることも可能である．経営企画部は，「支援的管理」によって，また，有能感を刺激することによって内発的モチベーションを高めることが可能なポジションと言えよう．

3）　ニーズとは具体的には，その個人が「何を得意とするか？」という観点と「何をしたいか？」というキャリアの目標や価値観などが挙げられる．自己申告制度や社内公募などがあっても，実際には運用されていないケースも多い．

（インベスターズ・リレーションズ）を考えていかねばならない。

4-3　目標の管理と人材育成

　ここでは前に述べた人材育成に関連して，組織の目標管理について述べたい。まず，経営企画部は，目標管理と人材育成をリンクさせて考えるべきである。目標管理およびそれをモニタリングする会議体の運用は，執行役員をはじめ，それぞれの部署を所轄するマネージャーおよびリーダーの育成にも直結することから，目標の管理から運用，モニタリングに至るまで，経営企画部およびマネジメント層の立ち位置が特に重要となってくる。ここで取り上げたいのは，経営企画部およびマネジメント層による「支援的管理」の方法論である。支援的管理とは，目標管理の提唱者でもあるピーター・ドラッカーの言葉で，部下やそのスタッフの属する部門だけでは達成できない目標に対し，それぞれの部署やマネジメントからサポートを行う，というものであり，競合に奪われそうな契約案件において，役員を同行させて案件を獲得するなどが一例である。また，従業員やリーダーの育成という面において，目標とその実行プロセス管理は，各メンバーの責任意識や自主性を醸成することを目的とし，これに上述した「支援的管理」を行うことで，各組織の目標達成へ向けての推進力を創出することが可能となるのである。

　では目標設定の段階において，どのような基準が設けられるべきであろうか。目標については，受注額1億円など，定量的に数値で設定できる部門もあれば，業務標準化のためのマニュアル作成など，定量化できないバックオフィス的な部門も存在する。よって目標は必ずしも定量化されたものでなくてもよい。また，目標の数としては3つから5つ程度が望しいとされる。まず定量的目標となる「数値基準」であるが，これは数値で表されるもので，具体的に売上高や粗利率のアップ，新規開拓件数（あるいは訪問件数）や不良率・クレーム率の低減，外注費や人件費のダウンなどが挙げられる。次に定量化できない目標となる「状態基準」であるが，これらは「スケジュール基準」と合わせて考えることが望ましく，○○の状態に，いつまでに実施するのか，の明確化が必要で

ある。たとえば，業務標準化マニュアルを○月○日までに作成する，部下の指導について，○○の業務習得を○月○日まで終わらせる，などであり，その他，システムの導入やIR関連資料の作成，社内外の企画イベントの実施などがある。

　ここで1つ重要な点について述べたい。一般的には売上や利益などの定量的目標については，会社全体の売上利益から中位の階層（本部など），現場の階層（各セグメントごとの部門）に割り振ればよいだけである，との認識は間違いである。経営企画部として，各部門の目標設定や人材育成に携わるのであれば，セグメントごとのブレイクダウンされた部門が，上位部門の目標に応える上で，実務の現場として改善を要するものや，問題解決しなればならない課題・イシューを取り上げ，その「取り組み施策」や「打ち手」に係る目標を設定すべくサポートしなければならない。これらは「プロセス管理」とも言うべきものであり，単なる数値目標ではなく，どのように達成させるのか，のキードライバーを明確化する側面においても重要な意味を持つのである。

　次に経営企画部のあるべき「支援的管理」について考えてみたい。まずは経営企画部が実施する「情報収集およびその提供」に係る支援である。経営企画部は役員との接点が近く，また外部との折衝を担当していることから，その情報収集力を生かしたアドバイスや協業先の紹介などのサポートを行うことが可能となる。更にはそれら情報を構造化し，事業部の問題の発見および解決に資する「気付き」を与えることができるのも経営企画部である。次に「資金面でのサポート」も大きな支援項目の1つであり，プロジェクトによっては外部からの調達も視野に入れて，その事業計画を精査する役割を担う。また，リーガル面での支援や，その他プロジェクトを開始するにあたっての課題解決支援など，「プロフェッショナル支援」が求められる場合も多々ある。これら「支援的管理」において，場合によっては経営企画部でなくとも上司やその担当役員が担うケースもあることから，常にその役割自体のトリアージ（分別）についても注意を払わねばならない。また，実際の実行フェーズにおいて，上司や経営企画部スタッフが交渉の場に出向いて支援するケースもあり，これらは「支援的管理」の次なるフェーズ，「実行支援」として行われ，また案件によって

は全社組織的なバックアップを行うケースもある。

4-4　人材教育と組織作り

　読者の方々には，仕事が能力のある人にだけ集中してしまい，思ったような人材育成がなされなかったり，また会議が長引いて結果的に業務に支障が出てしまったり，といったような経験があるのではなかろうか。

　まずは人材についてであるが，忙しいから人を採用して社員を増やしてもまったく改善されない，または人件費だけが増加するだけ，といったケースが多々見られる。それは能力のある人に仕事が集中している仕組みを変えないことが主たる要因であり，このままでは1人ひとりの生産性，パフォーマンスの向上は困難である。よって「業務を分ける」作業が必要になるが，基本的な考え方としては，能力の高い社員やマネージャークラスには，誰でもできる作業はやらせないこと，が重要になってくる。しかしながら，特にこのような忙しい社員は，現場に任せていると時間ばかりが経過することと，指導する時間すら取れず，現場のレベルが追いつかないという点から，現状のやり方を踏襲せざるを得ない場合が多い。そのようなケースにおいては，経営企画部もしくは担当役員等のマネジメントが主体となって，「組織」として，誰でもできる作業から分離すべきスタッフの特定と，作業内容の検証および分離の実行を行う必要がある。ここで誤解をしてはいけないのが，欧米式にジョブ・ディスクリプションを徹底して自身の仕事内容の特定化を図り，その他の仕事は引き受けないと言っているのではないということである。もちろん，執行内容の明確化は必要であるが，特に執行内容を受け持つようなポジションのリーダーについては，その業務負荷を減らすことにより，より付加価値の高い作業に時間を割くことが肝要である。

　次に「会議体」についても，「会議の目的」と「議事録」を明確化するだけでも大きな効果が見られるケースが多い。目的については，事前に会議の目的と議案および準備する資料等の通知を行い，議事録についても，責任者と期限を明確化し，その場で「作成 ⇒ 責任者の捺印」を取るよう徹底している企業

もある。会議については，執行会議における執行内容のフォローがMECE（漏れなくダブりなく）でなかったり，また，議事録やPDCAサイクルが不徹底であったりと，会議の運営方法が定着化しないケースもある。よって，経営企画部としては，なるべく「書く文化」，すなわち「残す文化」を定着化させて，議案の意思決定に至った仮説を立てさせると同時に，また，その因果関係の仮説が間違っていた際には，すぐに次のアクションに移行できるよう，他の選択肢とそれに係る仮説を立てさせておくべきである。

また，会議体の「運用方法に係る文書化」も忘れてはならない。会議規定を策定し，どのような議案を取り扱い，参加者は誰か，何を決裁するのか，などを明確化して発信することにより，よりオフィシャル色を高めて組織浸透を図ることができる。ここでは前述した評価のフィードバックと同様，業務を執行する組織においても，きちんとした「良い・悪い」の評価を詳らかにすることにより，組織の規律ある成長を促すことが期待される。

最後に，組織作りという観点でみた人材育成は，個々の問題とは別の観点，すなわち企業の継続性（ゴーイングコンサーン）という側面からも考えなくてはならない。特に属人的な能力が必要な組織であれば，キーマンの退職で事業が行き詰まることも考えられ，これらは外から見た財務諸表等には現れないリスクであると言えよう。よって，いかにしてそのようなノウハウ等の暗黙知を形式化して共有できるか，またはスキル・トランスファーの時間軸を設定するかを検討すると同時に，顧客依存型のビジネスであれば複数担当制にするなどしてリスク回避を考慮せねばならない。今後は，企業のビジョンに沿った，あるべき組織の将来像と描くと同時に，それに向かって人材育成と組織作りを同時にかつ継続的に行っていかなければならない。

5 社長直轄型の特務案件への対応

次に社長直轄型の特務案件への対応について説明したい。社長直轄型の案件

実行については，主に取引先との協業やM&A，または新規事業立ち上げの場面が想定される。

5-1　協業，アライアンスを推進する際のポイントとは

　経営企画部はアライアンスに係る案件に携わる場面も多いが，まず，何らかの強みや特色を出し，特定の分野でNO.1にならないと，協業やアライアンスは進まないという点に注意いただきたい。アライアンスをする目的としては，ⅰ）技術やサービス，販売などにおける相互補完，ⅱ）アライアンスにより事業推進の時間を買う，というものから，ⅲ）大手とのアライアンスにより信用を獲得し，新たな収益機会を創出する，というものまで存在する。

　ベンチャー企業は基本，自社のみで新しい事業を創出することは困難であるとされる。よって上記のⅲ）を模索することとなるが，もちろん，大手との提携は容易ではないのが現状である。よって自社でないとダメであるとの代替が難しい旨のポジションを示す必要があり，ある特定の製品やエリア，顧客レイヤーなどでずば抜けた強みを発揮しなければならない。

　たとえば，筆者が監査役および経営企画担当として携わらせていただいた株式会社エーアイエスは，レセプト点検に係る医療情報ソフトウェアのニッチ分野で国内シェアNO.1を獲得しており，その開発力が評価されて大手とのアライアンスを実現している。

5-2　協業先，M&Aターゲット先の企業分析

　ここではあらゆる特務案件を想定して，全てを網羅的に説明するには限りがあることから，IR資料から読み解く企業分析の方法について説明したい。なぜなら，特務案件は特に「他社との包括的提携」や「買収」などの案件が多く，対象企業の分析が必要なことが共通項として取り上げられるためである。よってどのように企業を分析するかの切り口をハンズオフの観点から簡単に述べたい。

　誰しもまずは分析対象企業のIR資料を読む前に，ホームページを見るであ

ろう。実はこれは極めて重要なことで，ホームページから商品やサービス，沿革や経営者のコメントを読み，その会社に想いを馳せることができるからである。それから決算短信や有価証券報告書，中期計画やアニュアルレポートなどを読み込んでいくが，会社によっては中期計画やアニュアルレポート，ならびに投資家向けの決算補足説明などを作成していないところもある。決算短信は45日以内（30日がベスト）に提出するものであるが，分析マテリアルとしては，金融商品取引法に則って，3カ月以内に監査意見書を添付して提出される有価証券報告書のほうが，その情報量の多さから優れていると言えよう。通常，そこですぐ財務内容に目がいき，PL（損益計算書）でその企業の規模および成長過程を，BS（貸借対照表）で組織の変遷を，CF（キャッシュフロー計算書）で資金の流れや実質的な稼ぐ力，会計方針等について把握することになるが，筆者は「経営企画部」として対象企業を見るという観点から，まずはその企業の「経営哲学」を見るようにしている。つまり，なぜ事業をやるのか？　という視点からはじまり，創業者利潤なのか社会に貢献したいのか，という側面や，株主重視か，社員や社会への還元なのか，などの方向性にも留意したい。更には，将来についてのビジョンも読み取るように心掛け，どこまで売上を伸長したいのか（国内トップを目指すのか，グローバル展開を視野に入れているか，ニッチで存在感を出したいのか），成長志向なら自前成長重視なのか，M&A重視なのか，などの経営スタイルも大切である。

　次に「市場」であるが，マーケティングの基本どおり，まずはその市場が伸びているかについて確認を行う。伸びていなければ，当然のことながら他社のマーケット・シェアを奪わねばならず，競争はよりシビアになることが予想される。「業種」については，①規制に守られているか（参入障壁），②今後の政策に関する時流に合っているか（アベノミクスのロボット産業など），③数の優位性（人のヘッドカウントなど）が働く業種か，④今後新たなイノベーションが起こる可能性があるか，などの検証を行っていく。基本，国民の生活に強く根ざしている業種，たとえば銀行や保険，農業や学校，老人ホームや介護施設などは，経営危機に直面した際に公的なサポートが得られやすい，すなわち，

潰されにくいものとされ，これらを意図した多角化の事例も，一部小売や電機メーカー，飲食店の異業種参入のケースで散見される。

「PL」においては，前年度の数値をスポットで見て判断するのではなく，5期分の過去の推移を見てみたい。ベンチャー企業や中小企業においては，基本，ニッチ企業以外は売上が伸びていないと生存することが難しく，これらは，ⅰ）秀逸なビジネスモデルを持つか，ⅱ）大手や協業先があり，それらとの取引のボリューム拡大により成長するか，の2点に集約される。このⅱ）のパートナーシップについては，まさに経営企画部の考えるべき対象分野であり，今後，伸びゆく産業において，自社の強みを補完する企業を見る眼を養わなくてはならない。また，PLの分析において重要なことは，同業他社との比較である。ここはできれば3〜5社の比較分析を行っていただきたいのであるが，ここで比較すべきは売上や利益の多寡でなく，「率」の方であり，可能であればポジショニングと4Pの施策の比較をするだけでも，それぞれ何が収益の源泉であるかが見えてくるであろう。

次にPL分析の中で最も重要な切り口，「1人当たりの指標」について取り上げたい。1人当たりの人件費（福利厚生を含めた給与）が最も多用される視点であるが，これは従業員が大切にされているかどうかの，待遇やモチベーションに係る指標であり，5年間分を眺めることによりそのトレンドをつかむことができる。また，非正規社員の比率が高まっているのであれば，長期的な視座で事業を見ることができない懸念もある。更に1人当たりの売上高や粗利については，生産性を表す指標として，特に他社比較を行う際に活用することができ，その他，1坪当たりや1座席当たりなどの指標が存在する。

売上損益については，セグメントごとに分解して見ることが必要であり，そこから売上・利益のポートフォリオとその変遷を見ることができる。特に「損益」については，リストラによる一過性のものかどうかの判断が必要であり，社長交代の際に一気に特損を計上し，赤字を出し切るパターンも見られる。

これら売上損益や投資から売上発現までの規則性，1人当たりの数値を検証することにより，対象業種において，だいたい1人当たり3,000万円程度の売

上が必要で，粗利は人件費の3.5倍程度でペイするなどの目安を付けることができる。また，投資回収の視点からは，たとえばゲームの1タイトルを作るのにどれだけの期間と人員，投資額が必要か，なども判断できるようになるのである。

「BS」については，特に売掛金や在庫，暖簾(のれん)やソフトウェアなどの資産に注目したい。これらはアナリストの観点からは特に重要であり，PBR[4]が割安だからといって，その企業の資産の中身を精査する前に飛びついてはならない。ソフトウェアを例に上げると，企業によっては原価法もしくは低価法など，異なる会計方針を採用することにより，開発ソフトが売れる前提で最初から資産計上をする企業や，売れない前提で保守的に費用計上をする企業，または売れないと判断された段階で費用計上する企業が存在し，金額につき実際の売れ行きなどとのギャップが生じた場合は上方（下方）修正要因となる。また，在庫についても，服飾だからと商品回転率を乱暴に1.5カ月と決め付けるのではなく，そのカテゴリーごとの中身についての精査が必要であろう。

要は実態を判断することが肝要で，資産項目に3億円のビルを保有している，で分析が終わってしまうパターンは素人であり，経営企画部スタッフにおいては，その資産が将来どれだけのキャッシュを生み出すのか？　という視点を持って臨んでいただきたい。また，経営企画部スタッフにおいては，これら分析から得られる仮説を持って，今後5年間のプロジェクション（予測財務諸表）を作成し，自社とパートナーシップを組むことの訴求点につき，定量的にプレゼンテーションを行うことも期待される。

次に「顧客」について見てみたい。前述したとおり，企業は取引先の事業の急成長により売上が拡大するケースも多いことから，特に「売掛金」の項目を5年間見てみたい。上場企業の場合は，競合を意識してあえて載せない場合もあるので，その場合は帝国データバンクなどの調査会社を利用するなどして調べたいところである。

4）株価純資産倍率，株価÷1株当たりの純資産。

負債の「調達」については，一般的には借入の大小を論じ，自己資本比率，または資産の実態バランスを考えて実質的な自己資本比率を算出することとなるが，筆者は「調達手段」についても注目すべきと考えている。当然のことながら，調達は長期で，かつ低い利率で借り入れることがベストではあるが，必ずしもこれらが健全であるとは言えない。調達は基本，資金使途と紐付けるべきものであり，運転資金やプロジェクト，投資に応じた運用と調達の期間のマッチングを考慮しなくてはならない。よって調達の資金使途を加味し，今後一気に返済期限が到来する借入や社債，ファンドへの返済資金はないか？　などの検証も必要となってくる。調達においては，長期＞短期の順序で，安全性の尺度を図ることができるが，シンジケートローン5）の場合は，金融機関の手数料獲得や他行の横並びの思惑なども考慮されることから，必ずしも安全性が高い案件であると捉えることはできない。

　最後に，海外に子会社がある企業については，CFなどで資金の流れをよく見ていく必要がある。日本の親会社がどれだけ配当や経営指導料を取っているか，また現地で（資金）調達が可能か，そもそもプロフィットセンターかコストセンターか，担う機能は何か，についての詳細を把握することとしたい。

5-3　新規事業の立ち上げ

　次に，ベンチャー企業の立ち上げおよび企業における新規事業の立ち上げにおける成功要因について考えてみたい。

　まず，新規事業は稟議に向けた充分な準備と戦略が必要である，という前提についてははっきりと否定したい。昨今では，トヨタのカンバン方式をベースとした，エリック・リース氏が名づけたリーン・スタートアップにもあるように，プロダクトの最終的な完成形を目指すのではなく，顧客の声を聞きながら開発を進めていく手法にも注目が集まっている。

　これまではR&D部門が歳月をかけて開発を行い，製品が完成してから販売

5）　複数の金融機関が協調して，同一条件にて融資を行う資金調達手法。

戦略を検討するかたちが採用されていたものの,現在はいかにファースト・カスタマーが重要かについての周知が徐々になされてきたように思える。新規事業に携わる経営企画のメンバーはまず顧客のところに行き,問題すなわち理想と現実のギャップがどこに生じているのか,世の中の需要と供給のギャップがどこに存在しているのか,などを注意深く観察・ヒアリングし,営業をしながら思考を働かせなくてはならない。

　他にITの世界ではアジャイルという言葉があり,リーン(Lean)とアジャイル(Agile)はそれぞれ「無駄がなく活力がある」「素早い/俊敏な(短い開発期間でリスクを抑える開発手法)」という意味がある。

　この新規事業立ち上げにおいて経営企画部が特に注意しなければならない点は,予算策定時に既存事業との峻別をはっきりとさせるということである。この線引きが明確化しないままだと,新規事業に係るメジャメントの軸がブレることはもちろんのこと,撤退基準までもが曖昧になる恐れがあるからである。

　それでは次に新規事業立ち上げにおける経営者(起業家)について見ていきたい。

　早稲田大学アントレプレヌール研究会の調査によると,経営者,経営チームの性格として,攻撃型かつ即断即決型が多いことが挙げられている。一方,このような攻めるタイプは,ときには攻撃一辺倒になってしまい暴走の恐れがあることから,常に数値や裏付けを慎重に調査し,同時に失敗のシナリオを考えてくれるパートナーの存在が不可避である。よって起業や新規事業の立ち上げのフェーズにおいては,経営者自身が,自身の性格や能力の不足する部分を認識し,それを補ってくれるような正反対の性質を持ったパートナーと組むことが重要であり,そのようなパートナーが存在しないケースにおいては,経営企画部がその役割を担うことが求められる。また,当然のことながら,事業立ち上げフェーズでは少数精鋭によるプロフェッショナルな力が必要とされることから,経営企画部などによる戦略実行などのハード面に係るサポートも不可避である。

　新規事業を起こす起業家に求められる技能としては,①常に最新の情報を収

集する力と，②新しい事業・業態の可能性を見出す先見性，③その事業・業態に属する，伸びゆく企業とアカウント（取引口座）を開けるための，トップへのアクセス力，が挙げられる。経営企画部の役割としては，トップの突破力で開けた案件を，いつでも柔軟に組織を動かしてリソースを確保できるよう，事前にその仕組み・体制作りを行っておくことであるとも言える。

よく簡単に，直感を重視する起業家の成功が取り上げられるが，これは，起業家自身に，上述した①から③の能力と，過去の経験則に基づいた迅速な判断力が背景には存在する。また，社内リソースを支援する仕組み作りが，経営企画部を中心とした企画メンバーによって整備されていることによって，瞬時に組織が機動し，時宜を逸しないという側面にも着目すべきであろう。

次に事業の目的や立ち上げの動機，ビジョンが明確になっているかが重要である。これらは起業家または立ち上げリーダーの視座の高さによって決まるが，事業を通じた社会への還元について，どのように捉えているのかが，今後の人材や資金を調達する上での重要な要素となる。

ここで1つ重要な項目として，「市場の成長率」を取り上げたい。成長市場としては，技術的なイノベーションが起こるパターン（新市場）と，顧客への新しい役務サービスが生み出されるパターン（新業態）が存在するが，事例として，前者はこの度法案が成立した再生医療に係る市場，後者はSNS（ソーシャルネットワーキング）を通じた服飾や食材の販売などが挙げられる。気を付けなければいけないことは，起業の成功確率を上げるためには成長する市場を選定することであり，また，限られたベンチャー企業のリソースを補うために，その成長市場を勝ち抜ける企業とパートナーを組むことも重要である。

市場の次に考えなくてはならない不可欠な要素として「顧客」の存在がある。筆者が携わる事業において，顧客軽視のケースが散見されるが，自社の商品・サービスが受け入れられないのは市場もしくは顧客が成熟していないからである，と考えるプロダクト思考の経営者は多い。ベンチャー企業にとっては顧客の啓蒙に投資する経営資源が限られることから，商品・サービスの投入タイミングについては充分に注意を払わなければならない。望ましいのは，新規事業

立ち上げの際の主たる顧客（ファースト・カスタマー）のイメージが鮮明であり，その獲得確度が高く，立ち上げ後3年間の関連市場や関連顧客，関連するサービス役務に関する明確な戦略を持つことである。ここでは，詳細なビジネスプランの作成を主張するのではなく，このような戦略の方向性を考えた後は，むしろ走り出しながら仮説と検証を繰り返す作業が重要なのである。

　最後に，事業立ち上げに重要な要素として資金面を取り上げたい。ベンチャー企業を起こす際に起業家は，自己資金や家族からの出資もしくは日本政策金融公庫などの政府系金融機関からの借り入れを行う方法があるが，一般の企業の場合においては，予め新規事業に係る投資資金を予算に組み込んでいるパターンが多い。借り入れによる調達の場合は，投資の長い時間軸に備え，長短バランスの時間軸の整合を加味し，また，返済の原資をなくさないという意味からも，撤退のトリガー条件を社内で決めておくことも必要となってくる。昨今では社内起業で成功した後，スピンアウトする事例も多々見られ，また，IPOやM&Aのエグジットを見越したファンドからの出資を受け入れるケースも多いものの，やはり経営の自由度・安定度を考慮した場合，代表や立ち上げメンバーが議決権を有する普通株式の割合には注意を払う必要があると言える。

補論：先人の知恵シリーズ①　〜武術から得る現代への7つの教え〜

　筆者は，武道を海外へ広めるNPOのフランス支部長を2年間経験させていただいた際に，これだけ欧州と日本で，武道に対する認識が異なることに驚きを隠せなかった。もともと欧州では武道に対する人気が高く，フランスでは柔道人口が日本の3倍とも言われ，街を歩くと「DOJO」の看板をよく目にする。また，空手道に関しても同様で，欧州や北南米を中心に，趣味レベルも合わせると競技人口は1億人を超すと言われる。筆者が驚かされた点は，そのような人気の違いだけではなく，武道から何を引き出すかの目的の違いである。日本国内において，まず初心者は基本と型の練習から入るが，これは海外も同様で

ある。しかし，型や基本の動作について，日本では「型から入る文化」を当たり前のように感じているせいか，あまり深く考えることはせず，淡々と反復の練習に励むものの，フランスでは「その技の背景にある思想は何か？　どうアプリケーション（実践での応用）ができるか？　そして違う解釈はできないのか？」などと掘り下げて聞いてくる場面が多い。

　「武」とは荒々しい世界であるというイメージを持つ読者の方々も多いことと思う。しかし本来「武」とは，「戈（ほこ）」という字と，「止」という字から成るものであり，戈というものは生命を断つ，殺戮する凶器と捉えられることから人間の一番の根本的罪悪である。これを止める，すなわち人間を殺傷する悪を止める努力，これが「武」が待つ精神である。たとえば空手道においては，こちらからの攻撃を想定した技は一切存在しない（必ず「受け」や「防御」から入る），というのが原則となっている。

　また，フランスでは宮本武蔵の「五輪の書」が売れており，筆者がボジョレーのワイナリーで葡萄刈りをしていた際，ともに葡萄刈りをしていた学生から愛読書として紹介され，それに係る質問に答えるのに窮した記憶がある。世界中で発行された新渡戸稲造の「武士道」についても，日英同盟の際に，イギリス人の日本人に対する理解やリスペクトの一助となったことは疑いの余地がない。

　山本常朝の「葉隠」についても，これまで「死」のイメージが先行してきたのではなかろうか。三島由紀夫の「葉隠入門」にもあるように，これは死の覚悟を記した書ではなく，江戸時代の行動規範や道徳を記した内容を含むものである。葉隠では，自分の意見を通す際の手順を次のように説明している。

　「意見をいう際は，まず相手がそれを受け入れられるか否かを見極め，相手と親しくなり，こちらの言うことを信用するような状態にしむけるところから始めなくてはならない。その上で，趣味の方面などから話を交えつつ，言い方と時節を考慮し，自分の失敗談なども話しながら，思い当たるようにしむけるのがよい。まずは，相手の良い点を褒めて気分を引き立てると同時に，喉が渇いた時に水が飲みたくなるように考えさせるにはどうしたら良いのかに心を砕

く。」(一部抜粋して引用)

なんとも素晴らしい細やかな心遣いや人間愛に，心が揺さぶられる思いがしたのは筆者だけではないのではなかろうか。読者の方々も，「武」とは決して暴力的なものでなく，侍の精神的支柱や行動規範であったとご理解いただけたことと思う。

ここからは，武術（武道）の教えから，現代の仕事や生き方に活かせるエッセンスを7つご紹介したい。

１）迷わず集中すること

一時一時，迷うと負けるのが武道の世界であり，人生においても，ある一時期にはなさなければならない唯一の事柄に向かって全力を集中する必要がある。まずは何が一番大切かを見定め，他は振り捨ててしまう覚悟も求められ，取捨の決定に躊躇（ちゅうちょ）する時間を取ってはならない。

２）道場を出てからの日常が勝負〜道の実践〜

敵を眼前に想定する武道は古来より人間修養上重要とされており，武道からくる支柱や原則を生活から遊離して考えてしまうと，技を練ったとしても人間の修養にはさしたる影響を持たないとされる。その呼吸を日常生活に活かし，その工夫をすることによって，武道においても真に上達するかの分かれ目となるのである。

つまり平常が大切で，これを古来より「平常心是道」という。剣を持つ場面が修行ではなく，道場を出てからが勝負なのである。昔は剣術とか柔術と言い，武の道を体していたが，現在は剣道や柔道となり，かえって技の末節に関わって「道」を忘れる傾向が指摘されている。昔の人は真に道を貴んだが故に，みだりに剣道や柔道といわずに，「術」と言ったのかもしれない。現在は，道の尊さや厳しさがわからず，道を付け，かえって道を逸する結果となった，との捉え方をすることもできる。

3）一流と二流の違いとは

　まず，「一流と二流の違い」は，継続できるか否かに尽きる。生まれつきの能力の差はなくとも，一流の人は「継続は力なり」を実践し，次第に大きな差がつくのである。刀を持つことが当たり前の時代では，稽古をおろそかにすることは直接死に繋がることであったと言える。沖縄で生まれた空手道（当初は中国から伝来したため「唐手」と呼ばれた）も，日々巻藁（まきわら）での鍛錬を欠かすことはなかった。最初から大きな取り組みの継続を目指すのではなく，まずは小さな継続を実践することから入ることをお勧めしたい。

4）無心とは

　幕末の剣豪，北辰一刀流の山岡鉄舟は，「無心」とは「心を止めないこと」と説いた。一時も心が止まらないからこそ，あらゆる場面，物事に対応できる余裕と，新たな思考が生まれるのである。経営で最も避けなくてはならないことは，分かったつもりになって勘違いすることである。何事にも，「道」には終わりがなく，完璧（かんぺき）はないはずであるのに，全てを理解したつもりになった瞬間から成長が止まり，おごりや怠慢が生まれ，謙虚さが失われてしまう。自分も，また周りも全て移ろう存在であると理解することが最初のステップである。

5）常在戦場の精神

　次に，武道における「常在戦場」の精神，覚悟を取り上げたい。松下幸之助は，武士は一度斬られたらおしまい，よって商売も損や得を繰り返してもよいということは決してない，と言っていたそうである。これは常在戦場の覚悟に通ずる考え方で，真剣さがなければ，技は上達しても，重要な局面，真剣勝負で結果を出すことはできない。

6）残心とは

　武術には「残心」という言葉が存在する。これは相手を打った後に心を残すこと，油断をせずに相手の反撃に備え，次の動作に移れる心構えを持つことで

ある。ビジネスの世界における「残心」には努力やエネルギーが必要であるが，長期的には得るものが大きい。たとえば，相手や取引先へのお礼の手紙や，アフターフォローなど，タイミングを逸することなく取り掛かることによって相手からの信頼を得ることができる。また，プロジェクトの終わりの際にも画竜点睛を欠くことのないよう，最後の仕上げを忘れてはならない。

7）武道の極意「先前の先」「後の先」とは

　「先前の先（せんぜんのせん）」と「後の先（ごのせん）」という常勝の極意が武道には存在する。先前の先とは，相手の意思の動きをいち早く察知し，相手が動作を起こす前に，先に打ち込むことを言う。相手が攻め込もうとしたときには，自分の攻撃態勢が既に整っていることを目指すのである。常に予測をし，第1の方策が困難であれば，第2の方策，第3の方策，と常に主導権を取れる態勢を持って臨むことが望ましい。次に後の先であるが，重要なことは，これは受身ではなく，むしろ攻撃に近いということである。いつも先前の先が取れるとは限らず，相手が先に行動を起こすパターンもある。これは決して「待ち」の戦術ではなく，精神的には最初から「先」が働いており，その「気（エネルギー）」で相手を先に動かす，武道の上級者の極意である。ビジネスの現場では，常にあらゆる場面を想定し，種蒔きをして，周到な準備ができるかが勝負の分かれ目となる。

　先の太平洋戦争においては，常にタイミングを相手に取られていることが特徴として挙げられた。石油を絶たれ，あれを絶たれ，これを絶たれ，と日本が引き込まれていった戦争であったが，これは顛末を考え，充分な準備をして，鍔迫り合いの末，なんとか勝利を引き寄せた日露戦争とは全く異なる結果を伴うこととなった。

第4章

経営企画部があれば
会社が潰れない理由

1　会社が倒産するパターンとそのメカニズムとは

　経営企画部は倒産の事例をよく研究し，必要があれば直ちに修正する必要がある。この章では企業が倒産するパターンとそのメカニズムとについて考えてみたい。

　これまで企業の寿命は30年間と言われてきた。立ち上げに3～5年，成長への投資および成長へのドライブをかけるフェーズに10年，安定期に10年，衰退に5年と考えるとおよそ30年である。自動車や携帯電話については，本格的な開始から普及率10％までが約10年，普及率が10％を超えてから90％までは15年を要し，その後，成熟期に入り企業の淘汰が始まっている。

　また，これまでの考え方では，トップをこれらのフェーズに合わせて求められるマネジメント像に適合する者に入れ替える方法論が推奨されてきた。しかし，全ての事業が短期間で衰退するという前提に立った場合，トップの力量に加え，それを取り巻く経営チーム，そしてプロフェッショナルな経営企画部による，内部資源活用のための「トップサポート」が特に重要になってくる。

1-1　倒産に係る内部要因および外部要因

　それでは企業が倒産するパターンについて，外部環境と内部環境の要因について見ていきたい。まず，外部環境としては，過度の依存による倒産パターンが挙げられる。特定の顧客への販売依存や限られた生産委託や供給先に頼ってしまう場合は，連鎖倒産が危惧されるので注意が必要である。

　その他外部要因として，市場における技術イノベーションや新しいサービス役務の台頭などにより，市場シェアを一気に落とすパターンも想定する必要があり，常に素早く経営の舵取りを切り替える仕組み作りが必要になるであろう。

　また，新規事業の失敗パターンで最も多いのが，内部環境の要因である。市場の読み間違いによる戦略のミスや，獲得した大型案件をこなすための内部資源の活用もしくは社内外からのリソース獲得の失敗，もしくはトップの暴走に

よる資金面における危機などが挙げられる。資金面の危機については，ベンチャーキャピタルや社内投資資金の獲得による過剰な資金を背景に放漫経営に陥るケースや，過度に特定の投資活動に依存して撤退の時期を見誤るパターン，または，R&Dと回収の時間軸を読み間違える場合などがある。企業は急成長を達成すると，資金繰りはかえってタイトとなり，運転資金の調達が必要となるが，銀行の企業に対する与信力は，資金回収の可能性や担保の有無，または金融に係る環境（銀行の自己資本規制や不良債権発生率の推移，金融庁の監督方針など）にも影響を受けることから留意する必要がある。

1-2　企業が倒産するメカニズム

企業が倒産するメカニズムは**図表4-1**のとおりである。

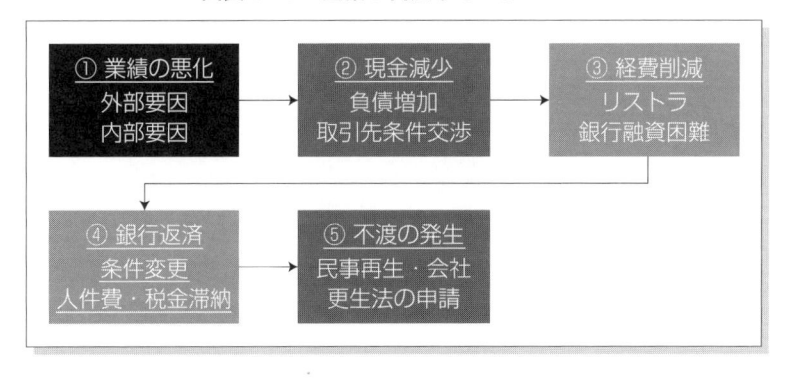

図表4-1　企業が倒産するメカニズム

```
① 業績の悪化       → ② 現金減少        → ③ 経費削減
  外部要因             負債増加             リストラ
  内部要因             取引先条件交渉        銀行融資困難
                                              ↓
④ 銀行返済        → ⑤ 不渡の発生
  条件変更           民事再生・会社
  人件費・税金滞納    更生法の申請
```

外部要因で取り上げた，特定顧客への過度の依存や，不良債権の発生などによる連鎖倒産の場合は，いきなり③や④に直結するケースもある。また，不正や粉飾が発覚して③に直接移行し，銀行借り入れが困難になる場合や，取引先から多額の損害賠償を求められるケースなども存在する。③から④にかけては，金融機関との調整が不可避であるが，貸し剥がしにあうようなケースにおいては，いきなり倒産に追い込まれることも充分ありうる。

上記のメカニズムでは，フェーズが進行するにつれ，企業が取りうる選択肢

がなくなることに注意しなければならない。最初は事業戦略の軌道修正も可能であり，また投資余力も残っているものの，時間が経つにつれ，外部からの圧力でアクションを起こす後手後手のパターンに陥り，やむを得ずこれをする，という経営判断に終始することとなり，そこには戦略や明確な将来的なビジョンは存在しない。

1-3　成長の各段階における倒産パターン

　次にそれぞれの成長フェーズにおける企業の倒産パターンを見ていきたい。まず，立ち上げ当初は先行投資と運転資金の負担による資金不足に陥るケースが懸念される。また，成長期においても，売上至上主義に走ってしまい，過度な投資と在庫等により資金が枯渇するパターンが想定される。また，特にスタートアップ後の期間においては，特定の顧客や供給先に依存している場合が多く，上述の外部要因の箇所で述べた，主要取引先の倒産による連鎖倒産のケースがある。

　また，市場が成熟フェーズに入った場合においては，事業が衰退してしまう前に，次の柱となる事業の育成に投資を切り替えるアクションを起こさねばならない。つまり，衰退する市場においては，勝ち組として残ることができれば，いわゆるキャッシュ・カウとして投資を抑えたキャッシュの回収が可能となるものの，そうでないケースにおいては関連する事業の多角化を進め，できる限り3つ以上のコア事業を育て上げることが望ましい。

　そこで次なる一手は複数の事業または収益ポートフォリオを持つ多角化ということになるが，この多角化において注意すべき点は，本業と関連があり，強みが活かせる事業に参画すべきということである。特に金融事業に手を出すケースにおいては注意が必要であり，金融事業は儲かる際には本業を凌ぐ利益を創出することができるが，一旦危機に陥ると企業全体の危機に発展する恐れがある。また，社内で本業が軽視される傾向が強くなり，ソニーのケースでも見受けられるように，赤字を賄う事業の存在が，逆に赤字事業からの撤退タイミングを狂わせることに繋がってしまうのである。実際に倒産したGMも金融

事業に力を入れ，またJALやダイエーなどもカード事業を手掛けて収益の獲得を目指していたことは記憶に新しい。

　また，多角化がうまくいかずに特定の事業への依存が強い場合は，バリューチェーンにおける構造変化について注意が必要である。これは販売手法の刷新や物流革命などにより，自社が属する利益構造が大きく脅かされる事態も想定されるからであり，よってそれらを回避するために企画から生産，卸から小売までを（垂直）統合する事例も多い。代表的な例としては，自社もしくはグループ会社で基幹部品からエンジンまでを作る日本の自動車産業や，ユニクロのSPA，「ユーザーイン（エンドユーザーの立場で商品設計）」の発想で知られるアイリスオーヤマなどが挙げられる。

　垂直統合のメリットとして，①全てのバリューチェーンで落ちる粗利を累積して獲得できること，②顧客との接点を活かした顧客目線の商品企画から開発製造までを一気通貫にて担えること，などが挙げられる。

　立ち上げから成長拡大，そして成熟から多角化，バリューチェーンの統合までそれぞれの事例を取り上げてきたが，これら全ての段階において，市場環境に合わせた戦略コアの明確化とそれに応じた内部資源の活用が必要であることから，倒産を避けるためには，企業におけるよき参謀や番頭役の存在が不可避であることについては論を俟たない。

2　倒産を回避するために経営企画部が確実にこなすべき5つの業務と失敗事例

　まず，企業が潰れない前提として，第3章の5つの業務を確実にこなしていく必要がある。第3章で取り上げた5つの業務は下記のとおりであり，ここでは具体的にそれら業務の遂行に係る失敗事例や倒産の事例について考察していきたい。

> 1．中期計画　　2．予算策定　　3．戦略法務
> 4．人材マネジメント　　5．特務案件の推進

2-1　トップの暴走，中期計画の戦略不在のケース

　まず「1．中期計画」関連では社長の暴走がある。ダイエーは中内㓛氏によって創業された大手スーパーであるが，その後価格破壊を武器に急速に業容を拡大したものの，1980年代になって赤字経営・過剰債務となり，経営危機に陥る。また，この度の日本電算への転身で話題を呼んだ，片山幹雄氏が代表を勤めたシャープについては，当時の社長時代に巨大な堺工場を建設，大型液晶パネルの巨額投資によって経営危機を招いている。

（1）トップの暴走：ダイエーにおける拡大路線の蹉跌

　ここではトップの暴走の事例としてダイエーの事例を取り上げたい。ダイエーの歴史は創業者の中内㓛氏の歴史でもあり，日本の高度成長期からバブル崩壊に至るまでの歴史でもある。

　ダイエーは，過去に「主婦の店ダイエー」という社名を用い，主婦をターゲットに流通に革命を起こした巨大企業である。当時，豊かなアメリカ型スーパーに日本国民は強い憧憬を抱き，更には日本のライフスタイルの変化や大量の食材が貯蔵可能な冷蔵庫の普及により売上は急拡大を遂げる。1980年には1兆円の売上を達成したダイエーであったが，その後，惣菜を買う生活スタイルを好む若年層などの生活習慣の変化により，コンビニエンスストアなどへ顧客を奪われる結果となった。

　また，バブル期における積極的な投資と自前の土地建物による店舗展開は，ダイエーの安全性に係る比率を著しく低下させ，2004年度の自己資本比率は7.5％であった。筆者が銀行員時代に担当した飲食小売チェーンでも同様のケースが多々見られたが，賃貸ではなく自前で店舗展開する企業については，地価の上昇が続いていれば含み益が発生して資産価値上昇による調達余力の拡大が

見込まれるが，一旦下落に転じると急速に各種財務指標が悪化し，命取りになるケースが多い。

繰り返しになるが，企業が衰退する段階において取りうる選択肢は急速になくなっていく。後講釈になるが，ダイエーはいつ方針転換を決断すべきであっただろうか。まずは売上高の下落が顕著となり，市場構造の変化が読み取れる2000年以前に実施すべきであったと考えられる。その段階で店舗閉鎖や大胆な施策を打つべきであったが，トップの暴走を止められる参謀・パートナーが不在であり，現状起こっている真の事実がトップに伝わらなかったことが，企業の戦略を見誤らせる結果となったのである。

ダイエーもシャープと同様，同族経営が続いた側面が強く，また側近をファミリーで固めてしまい，結果として暴走を止める役割を担う，信頼できる相棒が存在しなかったことが経営危機を招いた大きな要因の1つであることが分かる。よって組織においては，本田技研における藤沢武夫のように，慢心に陥った社長を諫める，道を踏み外しそうになった際には耳の痛いことを言ってくれる，そのような参謀・経営企画部を置くことが肝要であると言えよう

（2）中長期の戦略不在：JALにおける倒産

次に「1　中期計画」に係る事例として，日本航空（以下，JAL）における「戦略的な中期計画の不在」のケースを取り上げたい。

JALは，2010年に会社更生法の申請を行って倒産し，その負債総額は2兆3,000億円と戦後最大規模となった。JALの財務内容の変遷については**図表4-2**のとおりである。ここでは国有化になって再生した後の2015年3月期末における財務数値についても表示することとしたい。

上記の財務指標の変遷から見て，倒産直前には，現金の取り崩しと，売掛金の回収が行われている。また，資産売却によるキャッシュフローの確保に取り組んできたことが分かる。一方で，買掛金についてはサイトの短縮化が図られ，借り入れについても長期借り入れの期限が到来したものについては回収されて借り換えができておらず，短期借り入れについても同様に銀行から回収を迫ら

図表4-2 〈JALの決算推移〉

	2007年度3月末期	（倒産前）2009年3月末期	（再上場後）2015年度3月末期
事業収益	21,206億円	19,492億円	13,447億円
経常利益	149億円	▲857億円	1,752億円
現預金	1,855億円	1,492億円	3,649億円
売掛金	2,598億円	1,707億円	1,421億円
買掛金	2,608億円	1,909億円	1,448億円
流動負債	7,945億円	7,551億円	3,730億円
固定負債	10,711億円	8,852億円	2,995億円
自己資本	2,300億円	1,456億円	8,007億円

※出所：有価証券報告書

れたことが読み取れる。2010年には，銀行団の支援が得られず，ついに会社更生法の申請に至る。

再上場後の2015年3月末決算と倒産前の決算を比較すると，売上高は2007年3月末期の2.1兆円から1.3兆円と大幅に下落している。これは不採算路線を絞り込んだ結果の減収であるが，損益面では逆にプラスである。また，着陸の際に使用していた逆噴射を抑制して燃料費の削減に努めた事例に象徴されるように，多岐にわたる経費削減の効果が現れている。特筆すべき点は人件費の大幅な削減であり，社員数および1人当たり人件費をそれぞれ3割以上削減したことによる当然の結果でもある。

これは米国における再生法（チャプターイレブン[1]）の申請を彷彿とさせるが，米国においても，航空業界を中心に再生法適用申請がなされ，これにより人件費にメスを入れると同時に大幅な債務カットを受けた上で，競合より有利な立場になって蘇る事例が数多く見られる。

JALはなぜ倒産するまでに有効な手立てを採用できなかったのであろうか。

---

1) チャプターイレブン：米連邦法典（U.S. Code）の第11章にて定められている再建型倒産処理手続法。

具体的な要因としては，まずはリーマンショック以降の外部要因すなわち景況感の悪化が挙げられる。景気が減速する，もしくは減速すると予想されると，利益率の高いビジネスクラスの稼働率は下がり，また交通手段としての航空機の選択は差し控えられ，もしくは出張自体を抑制する動きも数多く見られた。しかし，これらのマクロ要因については，競合のANAや外資系の航空会社も同じ環境下であったことから，次にJAL特有の内部要因について見ていきたい。

内部要因においては，JALは燃料を大量に消費する大型機を数多く所有し，また過剰な人員と生産効率の悪さに加え，企業年金の高さには目を見張るものがあった。しかし筆者は，JALの破綻の1番の原因は単なるコスト体質ではなく，1987年の民営化以降，国策企業としての体質が抜けきらず，戦略的な中期計画が存在しなかったことであると考える。部門別採算を考えない内部戦略の不在に加え，市場や競合を意識した「選択と集中」や，戦略的な投資を行わなかったことが経営基盤を弱体化させ，これらの事象が，結果として財務数値に現れていったと言えよう。更にJALの場合においては，成田〜米国をはじめとするドル箱路線が存在し，これによる不採算路線の赤字補塡(ほてん)が可能となってしまい決断が遅れたことについても付言したい。

2-2　予算達成のための偽装や利益操作，キャッシュ不足による黒字倒産のケース

次に「2．予算策定」であるが，体力以上の予算のプレッシャーによる架空売上の計上や粉飾決算などのケースが挙げられ，予算のプレッシャーによる偽装や粉飾事件で象徴的な2つの事例を紹介したい。

（1）予算達成のための偽装事例：雪印食品による牛肉偽装事件

まずは，筆者も実際にプロジェクトの一部に携わった雪印食品の事例について述べたい。雪印食品は雪印乳業のグループ会社であり，食肉加工品を製造販売する上場企業であった。当企業における食肉を扱うミート部門は赤字が継続しており，更に2000年には親会社である雪印乳業が製造した牛乳により食中毒

事件が発生し，消費者間において雪印グループ全体の信頼が損なわれる結果となった。

そうした中，翌2001年に雪印食品は，業績の悪化を食い止めるべく業績目標数値いわゆる「死守ライン」を設定，この目標の達成に会社の存亡がかかっているとの指示を繰り返し行ったものの，その後，国内において狂牛病（BSE）が発生したことにより，多額の在庫を抱える結果となった。当時，業界において，価格の安い輸入牛肉を国産牛肉にラベルを張り替え，国の制度を利用して国に買い取らせている業者の噂があり，雪印食品は，自社だけが取り残されるのではとの焦りから偽装を行うようになった。

そして2002年に，内部の告発によって当事件は明るみになり雪印食品は解散，2,000人にのぼる従業員は全て解雇されることとなった。なお，告発を行った倉庫会社については，在庫に係る証明書の偽造に関わった罪で営業処分を受け，更には告発行為が仲間の裏切りであると捉えられて取引のキャンセルが相次いだことから廃業に陥る結果となった。この事例では，告発を行った会社が廃業に陥るという後味の悪い結果となったものの，当倉庫会社については，後に勇気ある行動として全国から寄付金が集められ，事業を再開することとなった。

この事例における指摘事項として，まずは食品衛生や品質管理に係る，食の安全性確保を目的とする独立的な部門の設置が挙げられるが，ここでは予算達成のためなら手段を選ばないという，売上・利益至上主義であった企業風土の問題に着目したい。このような不正行為に至った動機としては，事業部の予算を達成させる，ということが背景にあり，「死守ライン」をトップから指示された部門責任者のプレッシャーは推して知るべしである。よって，経営企画部スタッフは，このような現実離れした目標の設定や，売上・利益至上主義を是とする企業風土については払拭するよう努めなければならない。

（2）戦略の誤りと予算達成のための利益操作：カネボウによる粉飾事件

次にカネボウの事例であるが，カネボウは子会社を連結決算から外し，棚卸資産の評価や売上の水増しなどの粉飾を行い，最後には担当していた大手監査

法人である中央青山監査法人までもが解散する結果となった。

　カネボウは1887年創業の歴史ある名門企業で，5本の事業を柱とするいわゆる「ペンタゴン経営」を標榜した企業としても有名であり，1960年代に多角化路線へと転換，繊維以外に化粧品や医薬品，食品や住宅に係る事業への参入を果たす。しかし，同じ繊維業界の東レや同じく市場の先細りという課題に直面していた富士フィルムなどが，関連する自社が得意な事業を軸に多角化を進めたのに対し，カネボウはポートフォリオの分散というアプローチから，関連性の薄い事業への参画により成果を出すことができず衰退することとなった。

　カネボウの場合は，特に歴史が長いことから組織が膠着（こうちゃく）化し，トップへは耳触りのいい歪曲された情報しか伝達されなくなり，また歴史・伝統があるが故に，赤字決算が許されずに粉飾に手を出してしまう結果となってしまったのである。

　粉飾は，今期のみとしていたものが，計画どおりに利益が上がらずに翌期に持ち越しとなり，更に粉飾を重ねていく危険性を孕（はら）む。利益を操作して上げると税金も本来払うはずの金額より多くなることから，キャッシュフローにもマイナスに作用し，また資産と収益を増やしたとしても現金は増えず，資金繰りが厳しくなり整合性がとれなくなる。

　粉飾のきっかけは売上利益予算の未達からであるが，カネボウのケースにおいては，戦略の誤り（ペンタゴン経営への固執）という外部戦略ミスから，無理な予算計画への帳尻合わせのための粉飾，真の危機をトップに伝達できない組織の膠着化に代表される内部戦略の失敗，と起こるべくして起こった事例であるとも言える。

　雪印グループのように，チーズのような高収益のコア事業があることによって，アイスなどの赤字事業撤退の決断が遅れるケースは枚挙に暇がない。カネボウの事例においては，ペンタゴン経営にて参入した化粧品事業が利益に恵まれたことで，他の赤字事業の損失補填に充当することが可能となり，結果，事業の「選択と集中」というタイミングを逸することとなったのである。

(3) キャッシュ不足による黒字倒産：アーバンコーポレイションの倒産

また，「2．予算策定」に係る失敗として，あまりにも売上もしくは利益に偏向し過ぎる予算計画を策定してしまい，キャッシュ不足による黒字倒産の事例も数多く挙げられる。

黒字倒産の事例は，ディベロッパーや不動産会社においてよくみられる。土地や建物など仕入金額が多額で，営業キャッシュフローがマイナス，それを財務キャッシュフローで補っているというパターンが不動産会社に多く，事業規模と，その拡大に伴う棚卸資産が急激に増加している場合には特に注意が必要である。経営破綻したアーバンコーポレイションの事例においては，不動産流動化事業が本業の不動産の分譲事業の何倍にも膨張し，市況の悪化を受けて一気に債務弁済に行き詰まる結果となった。

図表4-3　〈アーバンコーポレイションの決算推移〉

	2006年3月末期	2007年3月期	2008年3月末期
売上高	64,349百万円	180,543百万円	243,685百万円
経常利益	10,677百万円	56,398百万円	61,677百万円
当期利益	7,868百万円	30,039百万円	31,127百万円
総資産	202,990百万円	443,304百万円	602,566百万円
自己資本	66,638百万円	88,817百万円	110,246百万円
有利子負債	89,687百万円	294,474百万円	407,851百万円
自己資本比率	32.8%	20.0%	18.3%
ROE（自己資本利益率）	15.41%	38.65%	31.27%
営業CF	▲32,991百万円	▲55,033百万円	▲100,019百万円
投資CF	1,078百万円	▲9,063百万円	▲11,100百万円
財務CF	43,043百万円	83,210百万円	89,212百万円

※参照：有価証券報告書

図表4-3の財務数値の推移によると，2006年3月末期と比して，2008年3月期では売上が4倍弱と急拡大していることが読み取れる。また，キャッシュフローでは，営業CFにて3期連続で赤字を計上し，それらを財務CFで賄うか

たちとなっており，典型的な黒字倒産のパターンとなっている。

　自己資本比率は2006年3月末の30％台から2年後には18.3％まで悪化，ROEは財務レバレッジ[2]を効かせたことにより逆に30％台へ向上している。

2-3　契約トラブルのケース

　「3．戦略法務」上のミスについては，グローバルな環境下における，日本企業の多額の違約金の支払いや賠償事件発生の事例が多数挙げられる。

　2014年，最も注目された事例は，エアバス社によるスカイマークへの違約金支払い請求[3]であろう。スカイマークは，解約に係る条項や，手付金に係る取り扱いについての契約をきちんと詰めていなかったとみられ，これらは戦略的法務上の致命的ミスであった。

　また，経営上重要な契約につき，その財務基盤へのインパクトを考慮せずに締結したことから，内部統制上の観点からも問題があると捉えられる。通常，重要な契約締結や投資，与信限度額などについては，自己資本の数％に抑えるなどのエクスポージャーの更新に係るモニタリング機能を付す場合が多いが，このケースではリスク管理上の見通しの甘さを露呈するかたちとなった。支払いに係る為替のヘッジ取引なども行っていなかったというが，一体どのようなプロセスを経て契約締結に至ったのかを充分に検証し，今後は社内の内部管理体制を根本的に見直す必要もあるであろう。

　第3章の戦略的法務の箇所でも述べたとおり，法務上で最もトラブルが起こりうるケースは，内容が抽象的で齟齬が生じやすく，かつ履行するまでの時間軸が長い場合が多い。それでは典型的な事例としてシステム請負契約のケースを見ていきたい。

　医薬品小売業のA社は，5,000万円を払って，業務の基幹システムの開発を

2）　ROEは（当期利益÷自己資本）と分解でき，更に①（当期利益÷売上高）×②（売上高÷総資産）×③（総資産÷自己資本）と分解できる。前の①および②は総資産利益率（ROA）であり，③は財務レバレッジと呼ばれ，負債を活用するほど高くなる。
3）　スカイマークについては，2015年1月28日に民事再生法手続開始に係る取締役会決議がなされている。

ベンダー（システム会社B社）に依頼した。しかしながら，A社を担当するB社の担当者は，オペレーションに係る充分なヒアリングを行わずに要件定義を策定，双方で仕様についての理解が充分になされないまま開発が開始された。その後，A社から事後的に諸々追加の要件が出てくることとなり，それらの機能を追加するために時間を要した結果，当初のシステム稼働予定月を半年も過ぎてしまうこととなった。また，途中でA社のシステム担当およびB社の責任者が変更になるなどの人事的な混乱も重なり，結局出来上がったシステムは，現場のPOSデータの反映が機能せず，基本的な動作に欠陥が生じるなど，とても使える状態ではなくなってしまった。A社はそのデータの修正に現場のスタッフを駆り出して取り掛からざるを得ず，またそれに伴う現場でのスタッフ不足から，会社では実売期に係る機会損失を生じさせることとなった。

　A社は，既に支払った開発代金を取り戻すべく損害賠償請求を実施する決断をしたものの，当システムトラブルによる現場での混乱は収拾せず，現場での疲労感から人材の流出やそれに伴う顧客離れを招く結果となった。その後，システムトラブルから１年後，月次での売上の減収幅は２割を超え，キャッシュフローに支障をきたすこととなったことから，メインバンク主導によりA社は大手ドラックストアのグループ傘下（さんか い）入りを余儀なくされた。

　上記は請負契約の事例であるが，期間が長期に及ぶとともに，技術的な専門性が高いシステム開発はまさにリスクの高い契約の１つと言えよう。請け負ったB社は，きちんと検収に耐えうる納品を行ってはおらず，A社は検収期間が終わる前にきちんと書面での意思表示を行い，追加での費用が発生することなく納品物を完成させるよう主張することができる。しかし，それよりもA社にとってはシステムの稼動が遅れたことによる機会損失が大きく，やはり契約締結時に，リスクが高い契約であるとの認識を持って，事前に予防的な対策を契約に盛り込んでおくべきであった。そしてなにより重要なことは，抽象的になりやすく，技術的な専門性が高い性質の契約であるとの認識のもと，要件定義の段階にて双方の齟齬を少しでもなくすよう努力すべき点である。

2-4　人事上の不満から生まれた社員による不正のケース

「4．人事マネジメント」については，自律型人間の不足によるヒラメ型社員の横行，社員の横領などの不正事件が挙げられる。

ヒラメ社員については，上司におもねる，上司の顔色ばかり窺って仕事をする「指示待ち社員」を表現した言い回しである。新しく就任したシャープの高橋社長が指摘したように，片山社長時代にいつもトップから方針を示されていた現場やミドルの「新たな意識改革」が，自律的人事マネジメント改革に舵を切った今のシャープにおいては目下の課題と言えよう。

筆者が考える，これらヒラメタイプの社員が増えることによる弊害については2つ存在する。まずは業務進行の問題であり，このような社員は「会議での報告」の仕事，すなわち，会議に向けての報告書作りや発表の内容ばかりに注意を払い，現場レベルや部下に対して関心がなくなってしまう傾向が強い。よって，このような上司に対する部下からの評判は悪化し，特に新入社員の場合は，当上司の仕事スタイルや価値観に大いにマイナスの影響を受けることが懸念される。次に，常に上（会社・上司）を見て仕事をしているが故に，情報の隠蔽や不祥事への加担をしやすい組織文化となってしまう点である。組織での不祥事については，特にこのような組織の隠蔽体質が大きく関わってくることから，ヒラメ社員の繁殖 ⇒ 隠蔽体質の醸成 ⇒ 不祥事の発生，という因果関係についても充分に注意を払われたい。

次に「従業員による不正（横領）」の事例として，青森県住宅供給公社のケースを取り上げたい。青森県住宅供給公社（以下，公社）は，青森県が出資する特殊法人であり，不正を働いたA氏は，長年にわたり経理業務に従事していた。また，彼の上司は青森県庁からの出向者が多く，経理業務全般の実質的な権限はA氏に委ねられてきた。A氏は，自分が努力を重ねても出世ができない現状に不満を抱き，そのストレスから豪遊を重ねて借金を負うようになった。その後，A氏は，借金返済のために公社の口座の預金を着服するようになり，その手口は口座間の資金移動（振替）を装い，払い出した預金をそのまま着服するというものであった。その後，8年間にわたり着服を重ね，その総額は14

億円以上となり，スナックで知り合い結婚したチリ人女性に8億円もの送金を行ったことでも話題を呼んだ。

これら一連の事件は，公社内の監査で指摘されたのではなく，多額の海外送金を繰り返していることに不信を抱いた仙台国税局の調査により発覚したという事実についても注目したい。A氏は経理データの改ざんだけでなく，日次の締切処理も毎日行わず，また他の職員にも行わせなかった。また，経理データについても，作成者以外のものが証憑類との照合を行うダブルチェックを行わせず，内部監査および青森県が行う外部監査も形式的なものに過ぎなかった。

ここではまず，「人事面における欠陥」が指摘される。幹部層のポジションが県庁からの出向者で占められている構造があり，また短期間での出向という認識から，真面目に実務に携わる，もしくは現状の仕組みを改善する，という意欲に欠ける環境であった。更には，借金を重ねて無断欠勤した危険な行為をするリスクの高いA氏を，無断欠勤後から復帰後，経理業務の責任者に戻したことについては開いた口がふさがらない。

次に「運用面における欠陥」としては，経理データの作成手順およびチェック規定が遵守されておらず，記載事項に係るルールの統一化や牽制機能の仕組みが機能していなかったことが挙げられる。証憑類までの偽装は困難であることから，これらの二重に確認する機能があれば，不正は未然に防げたはずであり，また監査の運用も事実上形骸化(けいがいか)していたといえる。

最後に，A氏が不正を行った背景には，公社に対する強い失望が存在したことから，このような待遇への不満は，仕事へのモチベーションを失わせ，社員に不正や着服の動機を持たせる恐れがあることを肝に命じなければならない。

2-5　M&Aにおける失敗のケース

「5．特務案件の推進」については，昨今の日本企業における海外投資の失敗の事例が多数存在する。

将来的には，人口減少が予想されている国内市場が大きく成長することは考えにくく，今後更に日本企業による海外投資，企業買収は増加することが予想

される。海外企業買収の失敗事例として，読者の方々がまず思い浮かべるのが，野村證券によるリーマン・ブラザーズの欧州・アジア部門の買収ではなかろうか。また，医薬品業界においては，第一三共によるインドの後発医薬品メーカーの買収失敗も記憶に新しい。

特に買収や海外進出についてはメリットばかりが強調され，また個人的な人脈やコンサルタントに依存してしまい，充分な情報収集やデューデリジェンス（資産査定）がなされておらず，進出コストや買収価格の見積りが甘いケースも多々見られる。また，上述したスカイマークの契約の事例でも取り上げたように，不測の事態に備えた条項を契約に盛り込んでいないことも失敗の要因となると指摘されている。

更には，買収した後の運用面（ポスト・マージャー）においても人事労務管理や会計，ガバナンス面での難しさがあり，これらオペレーションの導入については，現地での行政や商慣行に鑑みることはもちろんのこと，子会社の文化的背景なども理解した上で，必要に応じて「現地の運用条件」を踏襲する選択肢を受け入れることが賢明な場合もある。

それでは下記のM&Aの失敗に係るケースを見ていただきたい。

大手IT会社のA社は，医療系システム会社B社の株式を取得し，グループ会社化を行った。B社は，主たるベンチャーコンテストで入賞を果たすなど，技術力が高く評価され，またその代表取締役社長の経営手腕，ベンチャースピリッツについても定評があった。

A社がB社の株式を取得して半年後，B社に粉飾があったことが発覚，A社が取得したB社の株式価値は大きく毀損し，A社は買収後初年度から減損を余儀なくされる結果となった。また，当減損処理はA社の財務バランスを著しく悪化させ，当年度に予定していた投資計画を含め，事業計画を根本的に見直さなくてはならない状況に追い込まれた。

① M&Aに係る契約締結においては情報格差が大きい

上記は情報の非対称性や情報格差が大きいM&Aの事例であるが，その他，買収後に大口の取引先から切られて売上を大きく落とすケースや，従業員や

キーとなるマネジメント層が他の競合会社に奪われてしまうケースなども想定される。また，技術が優れているという外部評価を鵜呑みにしてしまうと，すぐに技術が陳腐化する懸念や，潜在的な訴訟リスクを抱えている場合もある。

よって，売主側の守秘義務や競業避止義務，買収後の役員や従業員の協力に係る項目などにも注意を払い，また買収資金に係る調達ができなかった場合などを想定した前提条件についてはもちろんのこと，買収後に生じた損失に係る補填，瑕疵条項の記載についても交渉したい。ビジネス的な観点からは，まずは取引や部分的な提携などを行って相手との情報格差をなくし，その後，本格的なM&Aに移行したほうが，買収後の戦略の構築や価格の妥当性についても自信が持てるのではないだろうか。

② 日本企業のM&Aにおける失敗の特徴

米国の調査会社トムソン・ロイターによると，2014年の日本企業のM&Aは11.7兆円と，前年比9％増加となった。また，日本企業のM&A全体に占める海外比率（海外企業の買収）は，2000年の20％強から50％まで高まっており，2015年もブラザー工業による英印刷機会社の買収が発表されるなど，日本企業の海外企業への買収意欲は依然として高い水準を維持していると見られる。しかし一方で，日本企業におけるグローバルなM&Aの成功率は決して高くはないのが現状なのである。バブル期においては，現在のパナソニックが米国ハリウッドの映画会社MCAを買収，また三菱地所がロックフェラーセンターを買収し，更にはNTTドコモが米国の通信会社AT&Tワイヤレスを買収したものの，すべて巨額の損失を出して失敗に終わっている。

これまでの日本企業のM&Aの失敗に係る特徴としては，①戦略の曖昧さ，②買収における高値づかみ，③リーガル面での読みの甘さ，④ポストマージャーにおける統合の失敗，の4つが挙げられている。

3 経営企画部によるグループ経営推進力の確保（社内的側面）

　少し専門的になるが，ここからは経営企画部が存在し，機能する会社が潰れない理由について，別の2つの観点から筆者の見解を述べたい。
　まず，「社内的側面」としては，経営企画部が機能する会社は，グループ経営の推進力を確保できる，という点である。次に，「社外的役割」として，企業が経営危機に陥った際，もしくはなんらかの要因により「有事」の状態となった場合，それぞれベクトルの異なるステークホルダーに対し，そのアカウンタビリティー（説明責任）を果たし，そして自らがコミットすることにより，経営改善までの時間を確保できることが挙げられる。
　ここでは社内的側面として事業要素の構成比を変える取り組みについてみていきたい。

3-1　事業要素の構成比を変える取り組み
（1）事業要素の構成比の変更
　経営企画部門に強い権限を与えている企業においては，経営企画部が「財務」「法務」「マーケティング」「人事・組織運営」の統括部門として機能し，グループ全体の「最適化」から，モニタリングに資する経営の「見える化」，説得力のある「IR」を実践している。しかし，多くの企業においては，経営戦略やマーケティング政策は「市場戦略」に該当し，人事政策や財務政策は社内に目を向けた「企業戦略」となることから，通常，組織運営においては別個のものとして計画が練られ，実行されているケースが多い。特に国内企業の多くは，市場戦略と企業戦略をそれぞれの部署（マーケティング部門や財務部門，人事部門など）が担当しており，それら方向性と時間軸をマッチングさせ，それぞれの部門で差別化を行えば，施策の実現可能性およびその（相乗）効果は大きくなるのであるが，実際には実行されていないケースがほとんどである。更には，個別のブランドレベルで，消費者のニーズに則した商品を提供するた

めの戦術としての議論はあったとしても,商品レベルの戦略を事業戦略・企業戦略とリンクさせて捉えるという試みは少ない。よって本章では,従来論じられてきた個別のブランド戦略に加え,市場戦略・企業戦略についてわかりやすく説くよう試みたい。

　戦略と組織からなる市場戦略と企業戦略,それに伴う内部資源の融合について,マッキンゼーの「7つのS」などの経営戦略理論でも述べられてきたことであるが,これらは静的な市場,競争の構造が変化しない,といった前提に基づいて組み立てられている。また,市場や顧客といった視点が希薄であることから,現在のグローバルかつシームレスな市場環境下における運用面においては,そぐわないケースも多々見られる。よって本章では,経営企画部を活用することによる,実際の「現場での方法論」についての考察と,また,戦術レベルでの「戦略の落とし込みの実践」について述べていくこととしたい。

　最も勝率が高く,効果が見込める施策とは何であろうか。もちろん効果だけを見た場合,それらは新規事業であったり,既存の戦略や経営管理のイノベーションであったり,または特定の企業(事業)の買収であるかもしれない。しかし勝率が高い,という条件を付与すると考え方は変わってくる。なぜなら効果が高いもの,すなわち「リターンが高いもの」については,それと同等の「リスク」が存在し,いわゆる金融商品などは通常,そのリスク・リターンの均衡点にて取引されているのが通常である。

　では企業においてはリスク・リターンの概念に対し,どのように立ち向かっていくべきであろうか。筆者はその答えは,自社で「コントロール」可能か否か,の判断に大きく依存すると考える。通常,コントロールできるものとして,小売業では販売の手法や商品の陳列,販売チャネルの選定や組織のあり方などの内部資源がそれにあたるものとされ,その中でも変えやすい組織図や業務フローなどの「仕組み」から,変容させにくい「組織の価値観や文化」まで多々存在する。コントロールできないものは,為替や金利などのマクロ経済要因や人口動勢,その他突発的に起こりうるフォース・マジュール(Acts of God)と言われる天変地異などがそれに当たる。では準コントロール可能なものとして

はどうだろうか。これらには顧客，競合，協力会社という3つのプレーヤーが上げられ，自社の対応によって顧客は購入するもしくは購入しないといった「行動（選択）」により反応を示し，競合は，たとえば自社の値引きによる価格政策によって，更なる値引きによる反攻を試みる場合がある。協力会社においても，自社の動きに応じて，投資額の変更や自社ポジショニングの変更まで視野に入れるかもしれない。

　筆者はここで，経営企画部は自社が「コントロールできる分野」および「コントロールできる分野と準コントロールできる分野の関連性」に，軸足を置いた経営の舵取りに最も注力すべきであると考える。戦略の基本は「集中と選択」であり，限りある内部資源をどのように配分するかである。その際に考慮すべきは「事業ポートフォリオ」の構成であり，それをマーケティングミックス（4P分析）や原価，経費関連項目に落とし込み，それぞれの利益インパクトについて検証を行っていく。構成比の変更については自社で「コントロール」できる項目に該当し，それにより「準コントロール」できる因子（顧客や競合など）に影響を及ぼすものの，自社の資源の転用や拡充からの発想であることから，そのマイナスの影響度においてはある程度の抑制効果が期待できる。

　ではリスクについてはどうであろうか。実行段階において，構成を変える進捗が遅延した場合，もしくは注力したカテゴリーの競争力が何らかの要因で劣後した場合は，もともと選択した時点での事業におけるポジショニングが優位（所謂キャッシュカウ）であることから，その事業そもそもの「ライフサイクルの衰退」に係るスピードを緩和させる作用，すなわちリスク抑制効果が期待できるであろう。

（2）サービス小売業における事例

　それでは具体的に，サービス小売業の一例を取り上げて見てみたい。これらはシンプルな分析手法であるが，戦略に対して構成要素の整合がとれているか検討するうえで重要となる。

　図表4-4は複数の「ブランドカテゴリー」の相乗積，交差比率，貢献利益

図表4-4　ポートフォリオ検証「ブランド」：サービス小売業（例）

今期−(3〜5)期	売上%	粗利%	相乗積(%)	回転率(回)	交差比率(%)	貢献比率(%)
Category A						
Category B						
Category C						

※「売上（トップライン）」顧客支持率を源泉として組み立てを行なう

※「マージンミクス」の概念は，事業・商品（大〜小項目）・店舗・販売プロセス・顧客まで組み立て可能で，応用範囲は広い

今期	売上%	粗利%	相乗積(%)	回転率(回)	交差比率(%)	貢献比率(%)
Category A						
Category B						
Category C						

※「今後＋3〜5期」顧客・競合・供給・協力先（サプライヤー・ディベロッパー等）に対する関係性を検証し，組み立てを行う

今期＋(3〜5)期	売上%	粗利%	相乗積(%)	回転率(回)	交差比率(%)	貢献比率(%)
Category A						
Category B						
Category C						

を算出する枠組みである。各比率を用いた分析に係るテキストは幅広く存在することから，ここでは簡単な説明のみにとどめたい。

売上％は全体の売上に占める割合（構成比）であり，全体を足し合わせると100％となる。「相乗積」は，売上％×粗利益率で求められる。「回転率」は在庫が何回入れ替わったかを示す指標であり，高いと入れ替わりが早いことを指す。「交差比率」は，粗利益×回転率で計算され，粗利益の高いカテゴリーは一般的に回転率が低いことが考えられるため，この交差比率にて効率的に利益を生み出しているかを判断することができる。最後に売上％に交差比率を掛けて「貢献比率」を算出し，売上全体に占めるカテゴリーの重要度を判断する。

BtoBのIT企業等であれば，このカテゴリーをブランドだけでなく「顧客」や「サービス役務」に当てはめて考えることもできる。顧客の①今後の成長性，

②与信判断（エクスポージャー），③委任型，請負型の取引リスク，に鑑み，相乗積や貢献比率に応じた取引の将来像を描くことにより，現行の営業戦略や取引施策，そして契約形態（中期か短期か，包括か個別か）に反映して，判断することが望ましい。

　また，上記は直近の年度を想定したケースとなっているが，少なくとも過去５年の推移を検証し，計数が落ちている商品やカテゴリーがあった場合には，それがブランディング力の低下なのか，消費者の嗜好の変化なのか，などの因果関係をきちんと分析する必要がある。なぜなら，次の作業として，３年から５年先のカテゴリー構成比をどのように変化させるのかについての議論が必要となるが，過去の５期分の原因分析がきちんとできていないと，誤ったカテゴリーを集中選択してしまうリスクがあるからである。

　ここで忘れてはならないのが，現行のカテゴリーのみで判断を行わず，常に未来への投資を検討するということである。現在，商品や事業のライフサイクルが短縮化する中で，どのようにブランドを育成し，また継続していくかが喫緊の課題となっている。上記で取り上げたサービス小売業の１つであるアパレル・ファッション企業においては，これまで半年先の施策のみ考えられてきた業界とも揶揄されながら，並行して長い時間軸での開発に力を入れ始めた企業も多く，たとえばユニクロなどは大手メーカーと共同にて素材を開発し，ヒット商品やヒットカテゴリーを数多く輩出している。よって未来への投資については，現行のカテゴリーポートフォリオ全体を考えつつ，自社の強みを生かしたブランド育成から派生する収益貢献度が，既存のブランドのライフサイクルの衰退カーブに照らして，会社全体の収益の平準化に資するような絵を描き続けなければならない。

　具体的な要素については，①売上構成比の変更，②粗利水準の変更，③回転率の変更，が挙げられ，特に①の売上構成比の変更については，下記に述べる「選択と集中」の概念が重要となってくる。また，②については原価率の低減と単価または在庫ロスの改善，③については仕入販売サイクルの短縮化の施策が存在する。

選択と集中については，小売業における店舗から，グローバル企業におけるエリアや拠点など，その業態によっても多様な選択肢があるであろうが，ここでは上記で取り上げるサービス小売業の例を見ていきたい。店舗については，選択と集中がしやすい側面と，そうでない側面の両面が存在する。単純には，「（エース級の）販売人員」「内装や販促投資」「商品」の集中を行うことにより売上アップが期待されるが，一方で人員においてはカニバリゼーション[4]を起こすリスクや，商品や内装の変更については既存のＳ顧客（最優良顧客）の流出を招くリスクもある。

　よって筆者は，「選択と集中」をする店舗もしくは事業エリアにおいては，まずは顧客分析を徹底的に行い，マーケティングに連動した施策を同時に準備する必要があると考える。顧客については，POSデータおよびディベロッパーからの分析データが利用できる店舗では，購入した時間帯や購入頻度などの一般的な購買データが入手できる。また，顧客と接する販売員の目視およびヒアリングにより，顧客の年齢から嗜好，職業や家族構成に至るまでの情報に加え，「競合（いつもどこで買い物をするのか？）」から「購買理由（なぜ購入したのか？）」についてのデータを蓄積し，この後に述べる「計数とマーケティングの連動」の章における施策に活かすことが可能となる。これら索敵（さくてき）を行った上での選択と集中は，よりターゲットにあった打ち手をもたらし，ターゲットとの整合性が合わない場合においてもその軌道修正に大いに役立つものと考えられる。

（3）その他の構成比変更の要素

　最後に，第３章の事業計画策定の箇所でも述べたが，この「構成」を変えるという基本的な技術は，売上に係るカテゴリー以外のケースにも適用すべきである。構成を変えるのは「原価項目（内製や外注）」や「経費項目」などが挙げられ，日本企業において問題となる，本社に係る「経費項目」については特

4）　カニバリゼーション：既存顧客を「共食い」して，結局は新しい販売員を入れても売上貢献度が低くなることをいう。

に着目したい。

　現在，日本企業のROEは8％台（2014年）であり，欧米企業と比して約半分となっていることから，更なる経営の効率化と利益向上が求められている，という論調をしばしば目にすることがある。確かに日本企業のROEは欧米企業のそれと比べて低く，これらは分解すると売上高純利益率が明らかに低くなっていることによる（bloomberg 2014）。更に分解すると，ノンコア事業や本部人員，ローカル型企業やサービス業における生産性の低さなどが指摘されるが，ここでは最大の経費項目である人件費について見ていくこととしたい。

　人員についても，上記「構成」を変えるやり方で削減・効率化は可能である。構成比の分解要素としては，サービス小売業においては，「正社員」と「非正規社員」，「販売（営業）員」と「本部人員」，「賞与以外給与」と「賞与」，その他，「部門別」，「月別人員推移」，「大型店への人員アサイン比率」，などが挙げられ，これら構成の比率を変えることにより，人件費の変動化および削減の効果を期待することができる。また，よくエース級の販売員が退職したことにより店舗売上が落ち込んだとの理由を聞くケースもあるが，これらは前述した「人事マネジメント」に関連する項目でもあり，それらエース級販売員の持つ顧客については情報の連携と，複数担当制にするなど，販売員への依存度を抑える施策も合わせて検討すべきであろう。

3-2　事業変革への取り組み

（1）事業のタイプ別分類

　ここでは構成変化の最重要要素である「事業（部）」を見ていきたい。本来，経営企画部およびマネジメント層は，1年に1回もしくは半年に1回は事業の再構築を検討すべきである。

　まず，事業を「戦略的な観点」で大別すると，下記の6つに集約することができる。

> ⅰ）コアビジネス
> ⅱ）準コアビジネス
> ⅲ）その他事業
> ⅳ）機能（的）事業
> ⅴ）新規ビジネス
> ⅵ）コンセプト具現化ビジネス

　ⅰ）のコアビジネスは自社の中核をなすべきビジネスである。ⅱ）準コアビジネスは，中核にはなり得ないが，必要な投資のもと，企業基盤を支える主力ビジネスである。ⅳ）機能（的）事業については，事業の補佐的な役割を担う事業部であり，物流や業務，経理や人事などがそれに当たる。また，ⅴ）新規事業については，将来のビジネスの種（シーズ）を作る重要な事業であり，経営企画部スタッフがアサインされる場合や，ともに事業計画の組み立てを行うケースも多い。最後のⅵ）のコンセプト具現化ビジネスについては，高い収益が期待できなくともブランディングのために行う事業などを指す。たとえばニューヨークに出店しているユニクロなどは，ファッションと情報の最先端都市への出店によって価値付けすることにより，より有利なアジアでの販売拡張を期待している。

　次に事業を「儲けの仕組み」という観点から見ると下記のようになる。

> ⅰ）投資型事業
> ⅱ）生産型事業
> ⅲ）役務サービス提供型事業
> ⅳ）代理店型事業
> ⅴ）コンサルティング型事業
> ⅵ）アセット型事業

　上記は，ⅰ）からⅵ）まで収益モデルの切り口から分類したものであるが，ⅰ）からⅵ）に行くほどリスクが少なくなると考えられる。

ⅰ）の投資型事業については会社や不動産へ資金を投資することにより，利子や配当などのインカムゲインや値上がり益すなわちキャピタルゲインを獲得することを目的としている。ⅱ）はメーカーの役割が該当するが，自社製品を持たない，単なる下請けのポジションでは高い利益率は期待できない。また，ⅳ）は海外のブランドを扱うセレクトショップなどが事例として挙げられ，これも独占が取れないブランドや委託販売が主流であれば，高いマークアップや粗利の実現は困難であろう。ⅴ）のコンサルティングは資産を持たずに身軽に始められることからリスクの僅少な事業モデルと言える。最後のⅵ）アセット型については，プラットフォームの使用料やシステムの保守運用費，またはライセンスの使用料など，毎月定額の収益が継続的に得られる事業であることから，安定した収益の積み上げが見込まれる。

　経営企画部としては，これら事業のポートフォリオを，時間軸を交えて検証すると同時に，上述した事業の性質から「関連性」を導き出し，たとえばAの開発からBのコンサルティング，Cのアセット化へ繋げるなどの「ストーリー」を戦略マップに落とし込まねばならない。

　ここで「時間軸」と述べたのは，現在起こっているプロダクト・ライフサイクルの短縮化により，企業は常に3〜5年おきに新しい事業の柱を育てていかなくてはならない事実が存在するからである。

　また，事業によっては，下記のようにその投資育成期間（短期から長期），リスク度合い（ローリスクからハイリスク），投資金額（少額投資から市場獲得のための大型投資）が様々であり，投資については金額の多寡だけでなく，分散投資やマイルストーン投資[5]といった多様な手法が存在する。経営企画部においては，これら異なる系統の事業のバランスをいかに保ち，組み合わせを行い，また変容させていくかが重要なアプローチの1つであると言えよう。

5）　案件の進捗状況，マイルストーンに応じて，段階的に投資を投入する手法。

> ⅰ）投資育成期間：短期（1年未満） 〜 中期（2年〜5年） 〜 長期（5年以上）
> ⅱ）リスク度 　　　：ローリスク・ローリターン 〜 ハイリスク・ハイリターン
> ⅲ）投資金額 　　　：投資小 〜 投資大（資金面に加えて，アサインメンバーの人件費も加味）

（2）事業の社内的評価の実施

では事業（部）の再構築をするにあたり，その社内的評価はどのように実施すればよいのであろうか。**図表4-5**に一般的な評価の基準軸を示し，また，その評価に基づく意思決定のオプション（選択肢）についても考えてみたい。

まずは，「①市場の規模および成長力と地位（シェア率）」の把握を行う。コアビジネスである以上は，それ相応のシェアを占めている事業かニッチ市場における展開もしくは明確な差別化戦略が存在していることとなり，経営企画部はその持続可能性の検証も行う。また，欧米企業のように，企業によっては業界で何位以上でないとコアビジネスと呼ばない場合もある。

次に「②事業拡大に係る展開実績およびその潜在的な可能性」についての評価であるが，こちらは新市場への展開と新商品（サービス）に係る展開および新規での事業展開が存在するが，事業部内において実現する内部資源，すなわちケイパビリティー（能力）があるかの分析が必要となる。また，この事業展開力においては，事業計画におけるサービスのイノベーションなども含まれ，たとえば情報蓄積の次のステップとしての，ビッグデータ活用によるコンサルティングの展開，などがこれにあたる。

「③事業化具現力」については，自社の戦略やビジョンをどれだけ事業レベルに落とし込んで具現化できるのか？ という視点と，他の事業部への支援的影響力が挙げられ，これらは企業戦略の中で最も重要な項目の1つである。たとえば，ある事業部のチャネルや人材を利用し，他の事業部の開発の貢献に寄

第4章 経営企画部があれば会社が潰れない理由 ◆125

図表4-5 ポートフォリオ検証「事業部」：サービス小売業（例）

今期

	（現在の視点）	（将来の視点）	（波及効果）	（財務）
	①市場 業界地位	②事業拡大力 （市場＋商品）	③具現力 （会社ビジョン） ＋組織影響度	④財務指標 （PLBSCF・ ROI等）
Category A				
Category B				
Category C				

※波及効果は，会社全体もしくは他事業部の構造や組織機能に与える効果・影響度を記載

今期＋3期

	（現在の視点）	（将来の視点）	（波及効果）	（財務）
	①市場 業界地位	②事業拡大力 （市場＋商品）	③具現力 （会社ビジョン） ＋組織影響度	④財務指標 （PLBSCF・ ROI等）
Category A				
Category B				
Category C				

与することや，また事業部間のノウハウの横展開なども社内における事業化具現力にあたる。

この事業部分析も，上述したカテゴリー分析と同様，未来の視点（3〜5年）が大切であり，常に市場とケイパビリティーを加味して，今後の展開力およびそれに伴う「④財務（予測）数値[6]」の根拠としなければならない。

（3）各事業（部）における方針の取り決め

事業部の評価を終えた次のステップは，「事業部における方針」の取り決め

---

6) ROIはreturn on investmentの略で，投資収益率のこと。会計上の株主視点では（営業利益＋減価償却）÷（株主資本＋有利子負債）で計算される。

である。こちらは経営のマネジメントチームが役員会レベルにて最終的な意思決定を下すが，各事業部の方向性としては下記の4つが考えられる。

> ⅰ）事業部強化
> ⅱ）再構築（事業部内において実行するもの）
> ⅲ）再構築（社内レベルにおいて実行するもの）
> ⅳ）撤退・売却

　ⅰ）の事業部強化については，特に選択と集中でコアビジネスを取り上げたケースにおいて，一気にパイの獲得を目指す例などが想定される。具体的には，「モノ」「カネ」の社内リソースを投下した，コア製品・サービスに係る開発や，他の事業部との複合的展開の促進などがある。また，「ヒト」の投資として，事業推進役の増員や統括部長の補佐的役割のスタッフの配置が考えられ，他には戦術レベルとして，販売チャネルの拡大や開発強化，サプライチェーンの見直しなどがある。

　ⅱ）の事業部内における再構築については，ターゲット顧客の変更や，事業ドメインの変更，商品・サービスの刷新などに代表される「事業構造そのものの転換」や「組織体制の変更」などが挙げらる。

　ⅲ）の社内における再構築については，対象事業部について，運営主体を他の事業部へ移管することや，統廃合・分社化することなどがある。

　ⅳ）の撤退・売却については特段の注意が必要であり，特に株主や金融機関等への事前説明が欠かせない。また，撤退にかかるリスク（海外の場合は特に労務や税務リスク）や，従業員や取引先に対する影響度も加味した上で，慎重に進めなくてはならない。

　撤退については，その時期を見誤ると会社本体の事業継続性にも影響を及ぼすことから，撤退に係る社内ルールも必要になるであろう。一般的には，事業売上が対前年比で2割以上落ち込むと，その事業のキャッシュが持ちこたえることは困難とされる。また，撤退に伴う取引先との契約終了によって損害賠償を被るケースもあるほか，更にはブランド価値の毀損など，経済価値および非

経済価値において見込まれる損失について，経営企画部は事前に入念な調査を行わなくてはならない。

これまで「構成」を変える施策について述べたが，実際にマネジメントに説明し，納得してもらうには，経営企画部としてロジカルな根拠を指し示す必要があることから，各構成を変更した際の上振れおよび下振れ可能性を加味した上で，モンテカルロシミュレーションや各因数の不確実性の最大値・最小値から導かれる感度分析などの手法を採用する場合もある。

3-3　マーケティング要素と財務要素の連動への取り組み

次に「マーケティングと財務の連動」について見ていきたい。よく企業において，店舗や事業部における戦術分析をお願いすると，価格，商品，販促，チャネルの4つのPの分析が出てくる場合が多い。この場合は，筆者は「本当にその切り口でいいか，自社の内容に照らしてMECEか」との問いかけを行い，その事業長にしばらく考えてもらう。

マーケティングミックスと言われる4P分析（Price, Product, Promotion, Place）については，製造業を対象としたアプローチであり，現在，わが国のGDPで7割超を占めるサービス業においてはそぐわないものになってきている。また，サービスマーケティングについては，前章で取り上げた「マーケティングの大家」で紹介したジェームズ・ラブロック氏が有名であるが，残念ながらあまり日本国内ではその出版物について読まれているケースは少ないのが現状である。

筆者は関わったケースにおいて，なるべく現場の意思を尊重して，独自のPを作り上げるよう促す努力をしている。企業によっては，パッケージが大切であればパッケージのPであろうし，スタッフであればパーソナルのP（もしくはスタッフのS）となる。サービスマーケティングの教科書の言葉を借りれば，Physical Evidence（物理的な証拠）である内装やVMD（ビジュアルマーチャンダイジング）も重要であろうし，そこには目に見える「明るさ」から，目に見えるが触れられない「雰囲気」や独自の「世界観」なども存在する。ここで

図表4-6 「マーケティングミックス分析」と「計数分解」(例) サービス小売業

マーケティングミックス分析　事例

	商品政策	価格政策	販促政策	チャネル政策	スタッフ政策	内装政策	ディベロッパー政策	顧客政策
					※独自のマーケティングミックス追加			
事業A								
事業B								
事業C								

※上下「マーケティングミックス分析」と「計数分解」をリンクして作成することが重要

計数分解　事例

	単価の視点	客数の視点	購入頻度の視点
	(単価×買い上げ率)	(既存顧客－流出顧客＋新規顧客)	(通常来店＋催事等イベント来店)
事業A			
事業B			
事業C			

は再度サービス小売業における事例を見ていきたい。**図表4-6**の上段の事例は，独自のマーケティングミックスを追加して事業カテゴリー分析を行ったケースである。

次に「マーケティングミックス分析」の下段にある「計数分解」に注目いただきたい。「事業部」単位もしくは「店舗」単位にて，数値の根拠としてマーケティング施策の裏付けがあり，それらの裏付けには，実際にいくらの投資額や○○に係る選択と集中を実施するというような背景が記述されており，これらを上述した「構成」の変更にリンクさせる作業を行う。筆者の経験では，会議体が機能し，実際の当プロセス管理ができた場合における効果は絶大であり，また「マーケティングミックス分析」および「計数分解」においても，過去との比較から未来への計画まで作らせることによって，事業長またはその執行レ

ベルの人材育成にも大いに役立つ。

　通常，予算組みを考えた場合，まずは「売上」から，という決め方をしてはいないだろうか。経営企画部の業務内容「第3章2　年度予算の策定」で述べたことと重複するが，端的に言うと一般的に行われている予算編成方針は，理想のやり方と逆のパターンが多いのが現状である。理想のやり方としては，過去からマーケティングの因果関係に係る「仮説」を導き，それを年度の施策・打ち手に落とし込み，それによる計数分解における基本方程式，ここではサービス小売業の「単価」「客数」「頻度」に反映して算出し，導き出された売上高を予算とすべきなのである。

　では読者の方々が，「単価」「客数」「頻度」の因数を変化させ，売上を2倍にする方法を考えて欲しいと言われたらどうするであろうか？　これらは掛け算であることに注目されたい。実は各項目を25％上げることにより，1.25×1.25×1.25でほぼ2倍（1.95）になるのである。価格を上げながら，通常トレードオフである客数を上げることは一見困難に思われるが，相乗積の高い店舗や事業においては，ターゲットとすべき攻めのポイントが存在し，因数を10％上げるだけでも他と比べてその何倍もの効果が見込める。よって，経営企画部としては，どの商品・事業カテゴリーに集中するかの「スクリーニング」および「構成」の変更だけでなく，その実行を担保する「計数分解」と「マーケティングミックス」の整合性についても特に注意を払われたい。

　最後に，サービス小売業における，計数別の，競争力を高める「打ち手」について述べたい。まず催事やイベントを増やし，購入頻度を高める施策から入るパターンが多いが，やり過ぎると顧客を疲弊させてしまう結果にも繋がり注意が必要である。

　そこでまずは，教科書的には客単価アップを目指すべきであるが，客単価は突き詰めると1品単価のアップか買上点数のアップとなる。最初に手をつけるべきは買上点数の改善となり，セット売りや均一セールなどの施策を検討していくこととなる。次に1品単価のアップであるが，これにはグレードの高い付加価値商品の開発が不可欠であり，たとえばユニクロのヒートテックのように

「専門性」が高い商品でないと継続的な値上げは困難であると言える。

次のステップとして来店頻度のアップが挙げられるが，これは固定客への優遇サービスの実施や，期限付きクーポンの発行，ポイント加算などが有効とされる。新規顧客の取り組みによる客数アップについては，プロモーション政策の強化や営業時間の延長等の施策が挙げられる。これらは，同じフロアにある他店を模倣しても達成できるものではなく，あくまでこれまでのトライアンドエラーの「仮説」にて積み上がった，現場でのナレッジの蓄積が大切なのである。

3-4　ミドル・執行担当者における職務内容と事業の連動性確保

事業・ブランドの構成比目標が決定した後，次にどのように組織・人事の平仄（ひょうそく）を合わせていけばよいのであろうか。これには各事業部および各執行役員の執行内容の落とし込みを行い，月次で管理していくことが望ましい。具体的には上述した財務計数およびマーケティング項目と連動した「職務執行書」を，職務を執行する執行役員もしくは執行責任者に記載させ，管理していくこととなる。その際に注意すべき点は，人事マネジメントの章で述べたように，定量目標の実現と因果関係のある政策（戦術）に係る行動目標となっているかであ

図表4-7　経営企画部が取るべき「整合」と持つべき「権限」

1. 「ターゲット（顧客，事業ドメイン）」の「整合」
　・「戦略」事業・ブランド・プロジェクト単位のポートフォリオ目標の整合
　・「戦術」マーケティングミックスと計数ロジックの整合
　・機能部門（財務/法務/人事/コンプライアンスほか）に係る政策の整合
　　＋　内部決裁権限（投資・機能），外部折衝およびIRに係る「権限」

2. 「人材と組織作り」の「整合」（個々のスペック・人材ポートフォリオの合致）
　　＋　人材育成・人材開発の企画に係る「権限」

3. 「現在と将来の時間軸」の「整合」
　　＋　計画策定に係る「権限」，会議体の運用・招集に係る「権限」

る。目標や執行に係る評価軸を明確化する効果は大きく，かのIBMにおいてもメジャメントを明確にするだけで大幅に損益が改善した例が見られる。

まとめると，経営企画部は**図表4-7**の3つの整合に注意を払い，横軸の組織と時間軸の方向性および進捗の確認を行うこととなる。

図表4-8は，財務・マーケティング施策に連動する「職務執行書」の事例である。目に見えない「ヒト（ソフト）」の要素を，どう組織変革のプロセスに落とし込んでいくのかの方法論については第6章の5を参照いただきたい。

図表4-8 ミドル・執行担当者の「職務執行書とフィードバック例」

目標	自己評価（1-5）・コメント	役員評価（1-5）・コメント
（定量） 売上高　　：〇〇百万円 営業利益　：〇〇百万円	（定量）	（定量） ・収益・CFの部門目標を達成したか ・コストダウン・効率化に取り組めたか
（〇〇年度注力トピック） 〇〇の利益確保および〇〇に係る計画実行	（定性）	（定性） ・〇〇に資するアクションを具体的に展開できたか
（アクションプラン） ・「〇〇市場」の創造に係る店舗発信をし，〇〇年以降の〇〇出店，〇〇億の売上に向けた体制作りとブランディングを構築。更には。。。。	（組織化・実行指揮）	（組織化・実行指揮） ・計画が能動的に準備・遂行されるよう経営資源を構築したか ・部下の育成計画の実行と育成の視点で仕事の案件を分担したか ・部門会議など成果を共有できる「場」を設けることができたか
キャリア/能力 ・〇〇実務経験；〇〇年 ・事業部長実務経験：〇〇年 ・販促，企画，マーケット創造などのディレクションを得意とする	（企業意識）	（企業意識） ・中長期目標を追求してきたか ・自ら経営課題に積極的に臨んだか ・仕事の幅や視野を広げるために，外部とのパイプを開拓したか

4 経営企画部による有事における経営改善までの時間の確保（社外的側面）

　ここでは自社が短期間で構造的な変革を必要とする場合や，自社存亡の危機に立たされたとき，また，財務的基盤の脆弱さからくる，キャッシュフローの問題を抱えたケースにおいて，経営企画部が果たすべき役割について考察したい。

　まず経営企画部における最も重要な役割の1つに，社外に対する広義のIRや説明責任を果たすことにより，自社が困難なミッションを遂行する，もしくは「ある状態」からリカバリーを図る「時間」を確保することが挙げられる。つまり，垂直的な構造のなかで，横断的な視野で組織を把握できる経営企画部は，自社の抱える課題や強みを構造化し，ステークホルダーへの将来の計数の裏付け説明を行うことにより，資金調達や株主支援を得る際に主導的な役割を担うことができる。ここで重要なことは，下記の2つである。

> ⅰ) 経営企画部が，銀行などの外部ステークホルダーの決裁構造（社内稟議のシステムなど）を理解し，その決裁に関わる稟議書につき，稟議が通るレベルを満たす内容を提示すること。
> ⅱ) 担当者およびその上司もしくは本部の審査担当者を味方につけること。M&Aや公的スキームなどを絡ませる場合はその本部の専任担当者なども味方にすること。

　これらはプロジェクトや，自社の方向性に「大義」があるから理解してもらえるのではなく，その大義や社会的意義の上に，ロジカルな「実行可能性」が担保されることで信用されなくてはならない。よって自社の「強みや優位性」を構造化して説明し，各種実行に係る施策の蓋然性について，きちんと定量的な資料を揃える作業が必要となるが，まずは支援を要請すべきステークホルダー（大口の顧客や協業先，金融機関，株主など）の，稟議システムがどのようになっているかを理解する必要がある。

また，金融機関を例にとると，組織によっては，極端な例をいうと支店によっても，審査や定量分析における判断の比重や権限の大きさが異なる場合があることから，経営企画部はそれぞれの癖やクリアすべき課題を事前に分析する必要がある。その上で，最終的には，もちろん稟議の申請フォームが異なるので現実的ではないが，支援を検討する相手方がそのまま社内稟議に「転用」できるレベルの情報提供や分析説明を示すのが望ましいと言える。

5 格付け会社および金融機関が評価するポイントとは

5-1 国内格付機関が評価するポイント

ここでは格付け機関や銀行がどのように企業を評価するのかについて見ていきたい。まず国内の主要格付機関である東京商工リサーチ（TSR）では，**図表4-9**の各項目をみて評価を行う。

図表4-9　評点内訳（100点満点の実数表示）

経営者能力	：資産担保余力・経営姿勢・事業経験	（評点：20点）
成長性	：売上高伸長率・利益伸長率・商品市場性	（評点：25点）
安定性	：業歴・自己資本・決済状況・金融取引・担保余力・取引関係	（評点：45点）
公開性・総合世評	：資料公開状況・総合世評	（評点：10点）

※信用度：警戒不要（80〜100点），無難（65〜79点），多少注意（50〜64点），一応警戒（30〜49点），警戒（29点以下）
参考：東京商工リサーチ（TSR）公表資料（ホームページ開示資料）

東京商工リサーチ（TSR）では，対象企業を経営者能力・成長性・安定性・公開性および総合世評の4つの軸で評価しており，主に民間企業や官公庁の審査部門，経理部門などが取引時の客観的な指標として活用している。また，既

存の取引先の信用度を確認する場合、過去の評点との比較検証も行うようにしたい。

次に帝国データバンクの評価項目についてみていきたい（**図表4-10**）。

図表4-10　評価要素

・業歴（構成：小）	対象企業の運営に係る継続性を評価。業歴が長いほど得点は高い
・資本構成（構成：中）	対象企業の財務の安定性を評価。資本が厚いほど得点は高い
・規模（構成：大）	対象企業の年商、従業員数など、経営に係る規模を評価
・損益（構成：中）	対象企業の損益を、決算報告書などから評価
・資金現況（構成：大）	業況・収益や、運転資本項目（回収状況・支払状況）、資金調達余力を評価
・経営者（構成：中〜大）	対象企業の経営者を、個人資産や経営に係る経験、人物像などの要素にて評価
・企業活力（構成：大）	対象企業の企業活力を、人材・取引先・生産販売力・将来性の要素にて評価

・加点減点後、合計値算出（100点満点の実数表示）
※信用程度A（86〜100）　B（66〜85）　C（51〜65）　D（36〜50）　E（35以下）

参考：帝国データバンク公表資料（ホームページ開示資料）

　帝国データバンクは取引先などの信用調査に多く使用され、大手企業との取引口座開設には評点51点以上は欲しいところである。評点のウェイトは、規模と資金現況および企業活力の比率が大きく、企業の現況や将来性に軸足を置いたものになってきている。

　また、損益よりも企業規模や資本についての比重が大きいことから、70点を超えるような高い点数を達成するには大企業でないと困難であるものの、経営者や企業活力といった構成度の高い項目により、中小企業にとっても評価を上げる切り口がきちんと存在している。

5-2　世界的格付機関が評価するポイント

次に世界の格付け機関の格付要素を見ていきたい。図表4-11，4-12はムーディーズが公表している世界の製造業および小売業の格付要因とそのウェイトである。

格付要素とそのウェイトを見た場合，製造業のケースにおいては定量的な要素が大きく，事業プロファイルを除く80％が割り当てられている。基本的に売上規模が大きく，また，支払利息・税金・償却前利益の水準が高く，そして有利子負債が少ないこと，すなわち自己資本比率が高いほど高い得点を得ることができる。

このようにムーディーズでは，①PLから読み取れる売上高および収益力の高さと，②BSから読み取れる財務の磐石性，そして同じく③BSから読み取れるCFの水準と，PL，BSおよびCFそれぞれの繋がりから読み取れる，有利子負債に対するキャッシュフローや利益の倍率の視点から評価を実施する。

次に小売業のケースにおいてはどうであろうか。小売業の場合は，市場地位や業務遂行力など定性的な要素が大きいことが特徴である。市場動向や競合と

図表4-11　世界の製造業：格付要因およびウェイト

格付要因	要因のウェイト	サブ要因	サブ要因のウェイト
事業プロファイル	20%	事業プロファイル	20%
規模	20%	売上高	20%
収益性	10%	EBITAマージン	10%
レバレッジとカバレッジ	40%	EBITA/支払利息	10%
		有利子負債/EBITDA	10%
		RCF/純有利子負債	10%
		FCF/有利子負債	10%
財務方針	10%	財務方針	10%
合計	100%	合計	100%

※Moody's公表資料：製造業のグローバル格付手法（2014年8月）
※EBITA：earnings before interest, taxes, and amortization，金利・税金・無形資産償却前利益。インフレ率や税制の異なる国に拠点を置く企業の比較が可能
※EBITDA：EBITAに有形資産償却費を控除したもの
※RCF：FFO（運転資本増減調整前の営業CF）から支払配当額を控除したもの

図表4-12　世界の小売業：格付要因およびウェイト

格付要因	要因のウェイト	サブ要因	サブ要因のウェイト
事業およびCFの変動性	10.0%	消費者需要の変化に対するセグメントの脆弱性	10.0%
市場地位	25.0%	規模（売上高）	10.0%
		市場の集中度と商品カテゴリーにおける小売業者の地位	10.0%
		地理的分散	5.0%
業務遂行力	15.0%	業務遂行の質	10.0%
		効率性	5.0%
財務指標	50.0%	（EBIT/現金を除くキャピタリゼーション）	
		有利子負債/EBITDA	15.0%
		リテインドキャッシュフロー/純有利子負債	15.0%
		EBITA/支払利息	20.0%
合計	100.0%		100.0%

※Moody's公表資料：世界の小売業（2011年8月）

の優位性の変化に対する耐性にウェイトが置かれ，これらはいかに企業がIRや戦略の方向性を明示するかにかかってくる。また，財務指標も50％を占めることから，高い格付けを獲得するには，当然のことながら製造業同様，収益性の高さと財務の健全性についても高い得点を稼ぐ必要がある。

5-3　金融機関による格付けについて

　最後に金融機関による格付けについて見ていきたい。信用金庫から地方銀行，メガバンクまで，格付手法は様々であり，一般的な融資先区分として，正常先，要注意先（含要管理先），破綻懸念先，実質破綻先，破綻先の5つが存在する。更に，正常先についてはそれぞれ独自の格付けで細分化され，細分化した区分は金融機関によって異なる。

　金融機関の担当者は，数十社もの担当先を抱えていることから，当然のことながら財務諸表を重視せざるを得ない。まずは安全性の指標の1つであり，米

国では銀行員が重視することからバンカーズ・レシオとも呼ばれている流動比率[7]，そして固定長期適合率[8]や自己資本比率などのBS項目が重視される。ここで注意すべきことは，銀行は実態バランスシートを作成し，評価を実施するという点である。すなわち在庫や売掛金，土地などの資産について，独自の調整を施すことから，業界平均と異なる事情がある場合には，資産が劣化していない理由をきちんと説明する必要がある。

また，金融機関は与信行為を行っている以上，その資金の回収可能性や金利の支払余力を吟味する必要があり，キャッシュフローによる有利子負債の返済年数や，インスタント・カバレッジ・レシオ[9]なども考慮している。更には，景気の後退局面や市場環境の悪化に直面した際の調達余力についても，現行の有利子負債の水準や担保余力などを加味して審査していく。

PLについては，売上規模や営業利益・経常利益・当期純利益の3つの利益水準を見ることとなるが，赤字であった場合でも2期連続にはなっておらず，あくまで一過性の特殊事情である旨の説明ができれば，大きく格付けを落とすことを回避することは可能である。2000年代に入り，金融機関が勧めた為替のオプション取引による倒産が大きなニュースとなったが，これは本業の営業利益が黒字でも営業外損益において大きな赤字（為替差損）を計上してしまうケースである。また，オプションの契約期間が残っている限り翌年も同様の赤字を出すこととなり，輸出入に携わる多くの国内企業が問題を抱える結果となった。

最後に定性評価についてであるが，金融機関も格付機関同様，経営者の資質や財力，販売力や技術力，そして商品サービスについての市場地位に関して評価を実施する。金融機関によっては，業界別に調査担当がアサインされて市場

---

[7] 流動比率（％）＝ 流動資産 ÷ 流動負債（流動負債（1年以内に返済する負債）を流動資産（短期間で換金可能な資産）がどの程度カバーしているかを示す）。

[8] 固定長期適合率（％）＝ 固定資産 ÷（自己資本 ＋ 固定負債）× 100（固定資産のうちどの程度が自己資本と長期の借入金で賄われているかを示す）。

[9] インスタント・カバレッジ・レシオ ＝（営業利益 ＋ 金融収益）÷ 支払利息（営業利益と金融収益（受取利息と受取配当金を含めることが多い）が，支払利息をどの程度上回っているかを示す））。

環境やブランドを含めた競争地位等を分析しており，金融機関の担当者に依頼して，そのような本部の調査担当を巻き込んだ評価を依頼することで，自社に優位な格付けを引き出すことが可能となる場合もある。一方で，それら定性要因や無形の資産は，結果として財務数値になんらかのかたちで寄与しているはずであるので，こちらの関連性についてもきちんと説明できるよう周到な準備が必要である。

現在，上場企業において無借金経営が増えており，2012年度末時点において52％と既に半分以上の上場企業が実質無借金となった（日本経済新聞社調査）。このような状況下において，金融機関が今後選択すべき道としては，①海外など新たな販路拡大を実施するか，②伝統的な貸出業務以外の，新たな収益獲得手法を確立するか，③将来伸びゆく企業や業態に対してリスクを取って与信行為を行うと同時に，成長に係る支援機能を発揮してサポートをしていくか，の3つが挙げられる。③の与信およびサポート機能の拡充のために，今後は金融機関における格付のアプローチや，技術バリュエーションなどの調査機能，アドバイザリー的な支援機能も大きく変容するのではないかと予想される。

補論：先人の知恵シリーズ②　〜兵法から得る現代への教え〜

中国の書物で最も西洋に影響を及ぼしたのは孫子である。日本の縄文時代と同時期に，このような教えが書かれていたことについては，皆深い感銘を覚えるのではないだろうか。この孫子の教養は，大学などの経営学の授業，または外交や政治の学問分野にも取り入れるべき示唆を多分に含むものである。ここでは孫子をはじめ代表的な兵法を取り上げ，現代にどう活かすのかについて考えてみたい。

1）「兵は国の大事（だいじ）」〜孫子〜

まず孫子は，戦争とは危機を脱する手段，やむを得ず始めるということが根

本であると説く。戦争をする以外に方法がないという局面に追い詰められて，他の選択肢がないことから戦いに踏み切り，また瞬時に決着をつけて戦いを切り上げる判断が戦局を決定するのである。また，道・天・地・将・法，の重要性を説き，道は国民が同じ気持ちで参加してくれるような大義を持つこと，天はタイミング，地は環境的な条件，将は指導者，法は組織・制度・運営である。最後の組織とは人のことを指し，倒産する会社は必ず人事で間違った運用をしていることは現代にも通ずるものがある。

2）「兵は詭道（きどう）なり」〜孫子〜
　戦争とは敵を欺く行為である，という孫子で最も有名な一語である。国際社会において，詐術（さじゅつ）と詭道は紙一重，すなわち境界線がないことと等しく，これはシビアなビジネスの世界においても同じことが言える。

3）「勝ちを知るの道」〜孫子〜
　敵を知れば，百戦あやうからず。太平洋戦争のときには，日本はアメリカのことをよく知ろうとしなかったことは有名である。山本五十六などは，ハーバード留学中に，よく授業をさぼって工場の見学に行き，国力の比較をすべく煙突の数ばかり数えていたそうだが，当時の陸軍はアメリカの海兵隊の研究などをまったく行わずに，「敵国アメリカの戦争の仕方」をよく知らないまま戦争に突入したというのが実情であった。

4）「激水（げきすい）の疾（はや）くして石を漂わす」〜孫子〜
　これは流れを遮られていた水が勢いよく流れて，石までも漂わせるに至るのが勢いであり，その攻撃をするときの節目は瞬時に行う。真珠湾攻撃の際も奇襲攻撃をする必要もなかったのではないかという説もある（渡部昇一氏）。世界で最初に立ち上げた機動部隊であることに矜持（きょうじ）を持ち，その機動部隊に連合艦隊も加わり艦砲射撃を行う。当時の技術力が結集した，練度の高い零戦にはアメリカの戦闘機は歯が立たないはずであり，その攻撃の徹底ぶりこそが氏の

指摘どおり「激水の早くして」を体現するやり方になったかもしれない。

5)「兵を形するの極（きょく）は，無形に至る」〜孫子〜

軍のかたちを取るうえで最高のものは，形をなくすことである。ユダヤ財閥は，財力や情報力，ネットワークなどの無形の力を重んじることで，その基盤を磐石なものにしている。第一次世界大戦で，アメリカがイギリスやフランスの側についた理由として，当連合国に金を貸しているアメリカのユダヤ系財閥が，借金を回収することに鑑（かんが）みたためだとも言われている。日本は，日露戦争の時には，ユダヤ財閥から500万ポンドを高橋是清が借り入れて戦費に当てることができたが，先の太平洋戦争の前には，エドワード・ヘンリー・ハリマンというユダヤ人が，南満州鉄道を共同経営しようと提案した際に，日本政府の受諾直前に小村寿太郎がこれを断ってしまった。このときよりアメリカは日本を仮想敵国と見なしたと言われ，B29による無差別爆撃の構想に着手したのである。

6)「釜の底より薪を抽（ぬ）く」〜釜底薪抽（ふていしんちゅう）三十六計〜

これは敵を飢えさせる戦法で，JALがスカイマークに対抗して，特定の重複する路線のみ低い価格帯に設定した例などが挙げられる。企業経営では，ヒト・モノ・カネの補給の側面において競合に比して有利であることが望ましく，そのためにはIRやPRを駆使して自社のイメージや魅力を上げ，優秀な資源が集まってくるような土壌を作ることが望ましいと言える。

7)「智将（ちしょう）は敵に食（は）む」〜孫子〜

これは敵の主たる武器を奪う戦法で，現代のビジネスの場面では，競合の人材をヘッドハントすることや，主力の仕入先や販売先を奪うことなどが挙げられる。よって特に中国や香港等の大陸系の企業においては，自社のマーケティング活動に係る詳細な情報を競合に知られないよう，IRにおける適時開示などにも充分な注意を払っている。

8)「レンガを投げて玉を引く」～抛磚引玉（ほうせんいんぎょく）三十六計～

自分にとって価値の小さいものと，相手にとって価値の大きなものを交換し，相互依存関係を築くという教え。道教の思想家の荘子が好んだ思想の1つである「価値観は相対的なもの」という概念があり，自分もしくは自社が良いものと考えているものは絶対的な存在ではなく，自身の価値観によるものであり，また人は自分と他者の価値観を混同する，という点を強調している。ここから得られる教訓は，我々はビジネスや提携をする際，その真の価値を見出し難いということである。

9)「梁（はり）をぬすみ柱を換（か）う」
　　～偸梁換柱（とうりょうかんちゅう）三十六計～

これは相手の拠り所を崩して統制力を奪う戦法である。たとえば，ライバルが独占契約を結ぶ仕入先などにアプローチを仕掛け，そのライバルの競争優位を支える「梁」の部分を攻める例などが挙げられる。

10)「走（に）ぐるを上（じょう）と為（な）す」
　　～走為上（そういじょう）三十六計～

これは現在の力が充分でないと判断したときは退却して兵力を温存し，力を貯めなおすことを指す。人は時に論理的な行動を取らず，長い間，現状に踏みとどまろうとする現状維持バイアスが働いてしまう場合がある。筆者が携わった例として，ある企業における赤字事業が，キャッシュアウトがあるにもかかわらず数10年間に渡って継続されてきたケースなどが挙げられる。

11)「李（すもも），桃に代わってたおる」
　　～李代桃僵（りだいとうきょう）三十六計～

これはある戦いには負けて，別の戦いで大きな勝利を得ることであり，例としては大村益次郎が大島でとった戦術や，チャーチルのコペントリーの悲劇などが挙げられる。第二次世界大戦において，ヒトラーはエニグマという暗号機

が盗まれて以降，勝てなくなっていった。チャーチルはあるとき，暗号を解読してコベントリーという小さな町が爆撃されることを知る。そこでチャーチルはドイツ軍にエニグマを持っていることを知られてはならないと，ドイツ軍が爆撃するにまかせてコベントリーを犠牲にしたのである。

12)「客を返して主（あるじ）と為（な）す」
　　～反客為主（はんかくいしゅ）三十六計～
　最初はあえて弱い立場に立って，その後「力」を蓄積して最終的には支配力を発揮する。これは「カイハン・クリッペンドルフ　兵法三十六計の戦略思考」によると，ウォールマートが代表的な例として説明されている。まず，ウォールマートは供給業者に対して小さな注文を出すところから始める。そして徐々に注文の量を増やして，多くの供給業者は新規顧客を開拓するエネルギーを使うことよりも，ウォールマートとの取引を優先してしまう。そして供給業者がウォールマートとの取引から手を引くことが困難になった時点で，それら業者に対して大幅な値引きを強要するのである。

13)「暗（ひそ）かに陳倉（ちんそう）に渡る」
　　～暗渡陳倉（あんとちんそう）三十六計～
　これは通常とは異なる間接的な手段にて，敵の虚を突き，勝利を収める戦法である。たとえば，ダノンがヤクルトを真似て，途上国で展開するシャクティーレディー（ヤクルトレディーのように女性が直接，小口に分けたヨーグルトを届ける）などが例として挙げられる。

14)「賊（ぞく）をとらえるには王をとらえよ」
　　～擒賊擒王（きんぞくきんおう）三十六計～
　これは相手のトップに働きかけて影響力を行使する戦法で，戦いにおいても敵の主導者を捕らえれば，軍全体を壊滅させることができるのである。たとえば，IBMなどは，大口の取引獲得の場面において，誰が影響力を持つリーダー

なのかを突き止め，そのトップに働きかけて案件を獲得するよう努めている。
　また，企業買収などのM&Aの場面においても，こちらにつくよう意思決定権者に工作を行い，自社が優先交渉権を獲得できるよう有利な取り計らいを画策するケースもある。

第5章

新規事業立ち上げを
成功に導く経営企画

1　創業から成長の節目ごとに要求される経営企画

　本章においては，これまでのある一定の規模の組織を想定した経営企画部に係る内容から離れ，創業から事業化，そして拡大へ向けたフェーズにおいて求められる役割としての経営企画，事業構想の立案・実践について，企業が成長する節目ごとに分けて述べていきたい。

　まず，新規事業立ち上げの意義として，少子化や高齢化などの構造問題に加え，今後縮小が見込まれる国内の内需の問題などのマクロ的側面における取り組みが挙げられる。また，商品やサービスのライフサイクルの短縮化は，矢継ぎ早に新規事業を立ち上げ，キャッシュを創出しなければならないという，企業にとっての新たなプレッシャーを意味する。

　更に企業の継続性の観点からみた場合には，特定の取引先，または既存の取引先への売上もしくは仕入れに依存する状態はリスクと言わざるを得ない。日本の場合は，B to Bの取引においても担当者との人間関係が影響を及ぼす部分が大きく，担当者の異動，もしくはその上長や担当役員，更には株主が変わることによって，対法人との関係または取引慣行がいきなり変容することも考えられる。よって，常に自社の新規事業を立ち上げることにより経営の安定化を模索することが望ましいといえよう。

　次に事業立ち上げのメリットとして，事業に関する一気通貫するノウハウの習得が挙げられる。また，管理職から若い幹部候補生に至るまで，成功，失敗を含む経験値の獲得は特に重要であり，可能であれば複数回，領域の異なる事業や異なるフェーズにて苦境の経験を積ませるのがよいとされている。近年においては，社員の士気を高めることが新規事業立ち上げの副次的効果として注目されている。自社は常に新しいことに挑戦する，とのメッセージを社内外に発信することによって，優秀な人材をリテインまたは獲得する機会が増えることも期待できよう。

　現在，ベンチャー企業はもちろんのこと，下請企業というポジションからの

脱却を模索する中小企業から，事業構造の転換を模索する大企業に至るまで，企業は新規事業立ち上げを常に考え，新たな収益機会の獲得を目指している。そうした中，投資に係る潤沢な資金を含めた経営資源を持つ大企業の新規事業開発とは異なり，小組織におけるベンチャー創業者もしくは中小企業の代表者は，CEOの役割だけでなくオペレーションをつかさどるCOO，そしてCFOやCLOにCMOを加えた5役（もしくはテクノロジー担当CTOを加えた6役[1]）のうち，場合によってはそのほとんどを兼務もしくは少数で分担しなくてはならない。また，このような小組織においては，経営企画部を設置する人的余裕を有していないことが想定されるが，参謀的役割を期待される担当者のカバー領域や経営企画に係る領域も広範にわたる。

筆者が新規事業の立ち上げの企画領域に携わったプロジェクトにおいても，大企業では新規事業立ち上げに係る市場調査部分，もしくはファイナンスに係る領域のみ，とその仕事のスコープが限定されている一方，ベンチャー企業におけるプロジェクトでは，予算策定などの財務から法務，海外戦略の立案まで，その守備範囲は極めて広範に及び，その他，社長の補佐的な役割まで担うケースが多い。

このように，新規事業立ち上げにおいては，企業内から創出するコーポレートベンチャーと，ベンチャー企業によるスタートアップが存在するが，本章における「新規事業の立ち上げ」とは，別段説明がない場合はすべてベンチャー企業の創業から事業化に伴う事業の立ち上げとその後の運用であると定義して述べていきたい。

創業および事業化・拡大のフェーズにおける経営企画領域は，**図表5-1**のとおりである。

1） CEO：Chief Executive Officer（最高経営責任者），CFO：Chief Financial Officer（最高財務責任者），CLO：Chief Legal Officer, COO（最高法務責任者）：Chief Operating Officer（最高執行責任者），CMO：Chief Marketing Officer（最高マーケティング責任者），CTO：Chief Technology Officer（最高技術責任者）。

図表5-1　創業から成長の節目ごとにおける経営企画領域

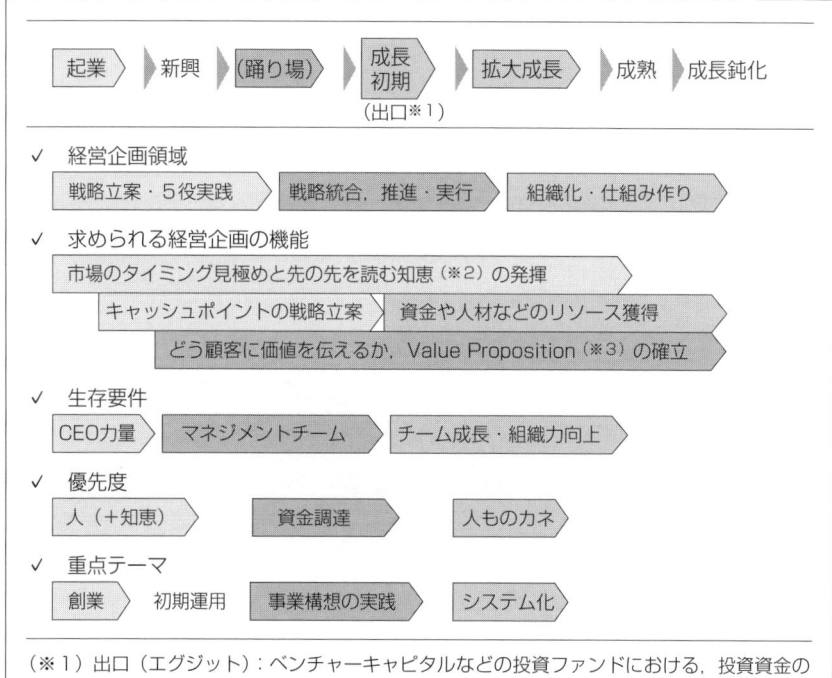

```
起業 ▶ 新興 ▶ (踊り場) ▶ 成長初期 ▶ 拡大成長 ▶ 成熟 ▶ 成長鈍化
                        (出口※1)
```

✓ 経営企画領域
- 戦略立案・5役実践 ▶ 戦略統合, 推進・実行 ▶ 組織化・仕組み作り

✓ 求められる経営企画の機能
- 市場のタイミング見極めと先の先を読む知恵（※2）の発揮
- キャッシュポイントの戦略立案 ▶ 資金や人材などのリソース獲得
- どう顧客に価値を伝えるか, Value Proposition（※3）の確立

✓ 生存要件
- CEO力量 ▶ マネジメントチーム ▶ チーム成長・組織力向上

✓ 優先度
- 人（+知恵）▶ 資金調達 ▶ 人ものカネ

✓ 重点テーマ
- 創業 ▶ 初期運用 ▶ 事業構想の実践 ▶ システム化

(※1) 出口（エグジット）：ベンチャーキャピタルなどの投資ファンドにおける，投資資金の回収手段または戦略を指す。新規株式公開（IPO）やM&Aによる他の株主への売却などの手段がある。
(※2) 「先の先を読むこと」とは，「インバウンドが増えることによって，都心部〇〇地区のホテルの需給が逼迫する」など，1つの事象によって起こりうるもう1つの事象について仮説を持って思考すること。
(※3) バリュープロポジションとはマーケティング用語の1つで，自社が提供する，差別化された，顧客視点でみた優れた価値のことをいう。これらは商品・サービスに加えて，価格（値ごろ感）や顧客対応などベネフィットを感じる項目すべてが含まれる。

① 「創業期」の経営企画とは

まず，創業時において求められる経営企画に係る機能として，市場参入のタイミングの見極めと，先の先を読む「知恵」の発揮が挙げられる。また，起業から新興フェーズに移行する際には，時系列を加味したキャッシュポイントの戦略立案，またどう顧客に価値を伝えるかのValue Proposition（バリュープロポジション）を検討することとなる。

② 「踊り場」から「事業化」における経営企画とは

　次に創業，新興フェーズを経て，いわゆる踊り場に入ると，「事業構想の実践」がテーマとなる。このように経営の実務が求められる段階に至ると，必要な技能も高度化し，求められるマネジメントはより「経営企画」の側面を強く有することとなる。起業後の継続的かつ発展的な収益機会に向けた組織化を行うことを「経営」とするならば，組織自体が経営を目指す上でのゴーイングコンサーンを実現するロジックを指し示すのが「ビジネスモデル」であり，それを策定，運用するのは，まさに経営企画の領域に当てはまる。この事業構想の実践または事業化というテーマにおいては，組織名に拘泥せず，代表自らもしくは少数メンバーにて複数の中核業務をこなさなければならない。ここでは組織名として経営企画部を立ち上げる人的余裕もないことも想定されることから，本章ではあえて経営企画部とせずに経営企画という表現を用いた。

③ 「拡大成長期」における経営企画とは

　次に拡大期における経営企画について述べたい。最初に触れた５つの役職に係る業務の専門性は，成長拡大期に入り明確化するが，これは組織規模が拡大して遂行すべき業務範囲が拡張し，更に新たな事業戦略・企業戦略が要求されることに起因する。成長期においては，その業務過多から役割分担が求められることとなるが，単純に創業メンバーやマネジメントチームへの権限委譲を進めればよいということではない。各人の成長曲線やマインドが，創業期におけるCEOおよび会社のビジョンと乖離がないかの確認が必要であり，各主要業務（５役）のマネジメントチームの構築，更に不足する場合においては人材のスカウトが必須となってくる。特に拡大期においては，実務能力を有するCFOの確保が必要不可欠であり，CFOが経理担当者の枠を抜けきらず，財務やファイナンスに無頓着過ぎる場合は黒字倒産の恐れもある。

　各主要業務（５役）のマネジメントチームの役割分担および人材のスカウトを行った段階においては，CEOをはじめ，各役割分担された組織に自我が芽生え，組織がより複雑化することが予想される。よって，機能的に役割分担し

た組織や経営資源を統合し，戦略立案および実行推進，その内部の動きに整合した対外折衝までを行う「経営企画」機能が強く要望される。これにトップ（CEO）の手綱を締める役割を持たせる意味でも，このような段階においては，経営企画部（室）の設置を考慮したい。

2 新規事業の種類と戦略の立案

次に新規事業の種類と戦略の立案について考えてみたい。新規事業の立ち上げの切り口としては，主に**図表5-2**の3つを軸に検討していくこととなる。

図表5-2　新規事業の立ち上げの切り口

1. 事業領域における本業からの距離
   （期待成長率，本業から近いか遠いか）
2. 新規性（新規か模倣か），技術重視かビジネスモデル重視か
3. どの収益モデルを採用するか，事業の構築を必要とするタイプか否か

（1）事業領域の決定（期待成長率，本業から近いか遠いか）

ここでまず事業領域を決定することとなるが，事業領域にはⅰ）業界（金融業・ホテル業など）やⅱ）顧客（法人・個人，年齢やライフスタイル，嗜好など），ⅲ）業種・業態などの切り口が存在する。

また，事業領域は自社の期待成長率にも深く関係し，たとえば5年後に数10億円の利益を創出するといったような目標の場合，もしくはベンチャーに求められるように20〜30％の高い年率成長を目指す場合においては，成長市場を標的としないと実現可能性は低い。

次に，既に現行の事業が存在する企業の場合では，新規事業立ち上げについて本業もしくは近い領域で取り組む場合と，本業から離れた領域で取り組む場合の2つのケースが想定される。本業から遠い領域では一般的に成功確率は低

くなる一方，業績関連性の低い事業への新規取り組みは，本業の成熟化による売上逓減のリスクを補完する効果も期待できる。たとえば，本業から離れた新規事業ビジネスで好評を集める大阪ガスでは，携帯電話のカメラレンズに用いられる樹脂素材の8割のシェアを確保しており，更にナレッジビジネスの領域として，行動観察の分野にて事業を立ち上げている。これは大阪ガスの「おもろい。転んでもただでは起きない」といった好奇心や粘りに通ずるDNA，企業（起業）風土も深く関係しているといえよう。

ここで，どれだけよい商品やサービスを作り出したとしても，売上となってキャッシュが回収できなければ事業は存続できない点に留意したい。よって事業領域を決定した後は，下記の要素について，十分に議論を尽くした上で事業に取り組むこととしたい。

　ⅰ）誰に（ターゲット）
　ⅱ）何を（商品・サービス），いくらで（価格）
　ⅲ）どこで（チャネル），どれだけ（数量）
　ⅳ）どうやって売るか（営業・販促方法）

（2）新規性（新規か模倣か），技術重視かビジネスモデル重視か

次に，取り組む新規事業について，新規で新しく考え出したアイデアで，まったく新しい市場を創り出すのか，既存のビジネス（競合や他社，他業種など）を参考に新事業を創出するのか，を検討することとなるが，「新規事業＝これまで考えられてこなかった新しいビジネス」という考え方に執着しないようにしたい。

日本企業においては，イノベーションという単語を「技術革新」と翻訳し，これまで技術のみをイノベーションの対象として位置づけるケースが多々見られたが，多くの新規事業は既存の技術やサービスの組み合わせであり，またそのイノベーションの対象も，社会システムや人々の価値観・考え方の変革まで広範に及ぶ。後述の補論にて取り上げるCoursera（コーセラ）やAirbnb（エアビーアンドビー）など，米国で立ち上がったベンチャーが駆使するIT技術

よりも，優れたシステムを構築できる日本企業は多かったはずである。また，後発であるにもかかわらず，出版社を巻き込み，安価で価格設定をしたアマゾンのキンドルに敗れたソニーは，既存の慣習の枠内でのマーケティング発想にとどまり，品質やスペックの完璧さを追求する日本企業の性癖をひきずるかたちとなった。

　よって新規事業を立ち上げる際は，まずは世の中のほとんどの事業領域には先行する他社が存在することを前提に，技術偏向よりも，ある程度の仕組み構築が担保できた時点で，ビジネスモデルの革新に向けた思考に軸足を移行すべきであり，起業家は，まったくのブルーオーシャンより，強みを活かした差別化によりその市場で勝利することが，戦略の本質であるとの認識を改めて持つ必要がある。

（3）どの収益モデルを採用するか，事業基盤の構築を必要とするタイプか否か

　第4章3節にて，儲けの仕組み（収益モデル）を取り上げたが，これらは生産型のように，経営資源を要する事業基盤の構築を行うものと，代理店型のように資産を持たず，立ち上がりのスピードを重視する事業基盤の構築を必要としないもの，の2つに大別される。前者は，立ち上げに時間を有するものの，立ち上がった後は高い粗利率が期待でき，後者はリスクを抑制できるものの獲得できる粗利率は低い。

　現在，最も注目される収益モデルの1つとして，ITの保守運用や携帯会社の通話料などに代表される，アセット型のビジネスモデルが存在する。これらは顧客の積み上げによって毎月継続して収入が入るビジネスモデルであり，特徴は累積的収入の獲得と継続収入の確保である。これらの事業展開上のメリットとして，安定収入だけでなく，顧客との接点を確保できるという側面が挙げられ，自社の商品・サービス開発に生かすことができるのも，当モデルの特筆すべき特長の1つである。

　また，収益モデルとして，携帯や検索エンジンなどのサービスに見られるように，最初に無料提供を行うなどして集客を実施し，その後，資金回収には企

業から広告料を徴収する，といったモデルが既に多数存在する。これらの資金回収ポイント（キャッシュポイント）の設定については，顧客に対して当ポイントと集客のモデルとの繋がりを意識させない，もしくはそれらを乖離させるほど資金回収がより大きく期待できる。

3 競合に打ち勝つ優位性確保と顧客アプローチ

　通常，ターゲット顧客は1日に何十という会社から提案を受けているものと想定される。よって競合の戦略や戦術，経営資源やそこから想定される提案内容を踏まえて自社の内容を決めていくやり方が，最も確実に競合に対して差別化しやすい方法となる。競合と比較する主な項目は**図表5-3**のとおりである。

図表5-3　競合と比較する主な切り口

1. 財務面（売上利益などの規模の比較，1人当たりなど効率の比較）
2. 顧客（ターゲット，主要販売先・仕入れ先）
3. 商品（製品とサービス，価格）の質
4. 営業面の強み，技術面の強み
5. チャネル（拠点数と立地）および販売方法
6. 人事面（マネジメント層，社員数）
7. 事業の特徴
8. 事業で削っているところ

　競合との比較において，上記の各項目別に，競合に差別化できる，または勝てる要素を検討していくこととなる。8.の「事業で削っているところ」とは，たとえばヘアカットのQBハウスでは，決済業務や洗髪，ヒゲ剃りなどを削っている。削ることによる効率化や他のオペレーションへの集中，また生み出される新たな価値によって満たされる顧客ニーズなどについても，十分に検討していきたい。

　次に顧客が商品・サービスを購入する際に検討するポイントについてみてい

きたい（図表5-4）。

図表5-4　顧客が購入する際の検討ポイント

1．商品・サービスの内容やスペック
2．ブランド（知名度・信頼性）
3．概念・コンセプト
4．お得度（価格が高いか安いか），場所（行くまでの時間・経済的コスト）
5．商品・サービスの売り方，顧客との関係性

　顧客は，まずは1．商品・サービスのスペックを判断することとなるが，企業は2．のブランドによって顧客への信頼性を担保することができる。また，3．の概念・コンセプトについては，「最先端の製品である」などの導入期のアーリーアダプターに向けたものや，「皆が使っているので安心である」などの普及期のマジョリティーに向けたコンセプト作りが考えられる。
　以上，競合と顧客の視点を踏まえた上で，次にどのように優位性確保のための施策を検討していけばよいのであろうか。
　まず上述した，顧客が購入する際の検討事項で，勝ちに行くポイントに絞って検討を行う。たとえば，大手にはできないような，5の商品・サービスの売り方や顧客との関係性で勝つパターンもあるであろう。次に，ベンチャーにとっては「強み」に集中しなければならない。受託型のサービス提供などで何でも引き受けるという企業もあるが，これでは特色が薄まってしまい，価格のみの勝負になってしまう恐れもある。強みにフォーカスする領域としては，「サービス内容」「顧客」「エリア」「価格帯」「購入・使用するシーン」などが挙げられる。それらの要素を「〇〇地区における〇〇サービス　取り扱いでNO.1」などと組み合わせ，まずはニッチNO.1を目指す分野を早期に確立すべく，取り組んでいく必要がある。また，B to Bのビジネスにおいては，事業の拡大においてまずは導入実績が重要な要素となってくることから，大手企業との取引（実績）獲得のために，赤字での先行投資も時には考慮しなければならない。

目指すべき方向性が決まると，具体的な顧客へのアプローチについて検討することとなるが，ここではKPI（Key Performance Indicator：重要業績評価指標）を必ず設定するようにしたい。KPIは，定性・定量両方の側面を準備することが望ましい。事前にKPIを設定することにより，対内および対外的な新規事業に係る進捗の遅延や非難に反駁することが可能となる。KPIは，顧客の声を反映しながらのプロトタイプ開発から，商品のサービスインのスケジュール，アライアンスの開始・実行まで，各段階でできるだけ具体的に記載することが望ましい。

ここで注意すべきは，新規立ち上げにおける実行は，通常のオペレーションとは異なるという点である。システマティックなオペレーションが期待できない小組織において，より，属人的な要素に影響を受ける「事業構想の実践」は困難を極める。また，事業構想自体が途中で変化し，練り直した戦略や新たに必要な経営資源の調達に係る構想につき，代表は当初の方向性を翻さなくてはならず，各組織やマネジメントチームの理解を得ることは，当初の計画の落とし込みと比べ難易度が高いといえよう。

4　新規事業におけるアライアンスとは

アライアンスは新規事業に欠かせない要素の1つとなっているが，それはなぜか。まずここで，アライアンスの定義について確認しておきたい。

> アライアンス（提携）＝複数の企業において，それぞれがある経営目標の達成のために，自社で経営資源を全てまかなうのではなく，協業体制を構築して補完すること

昨今，日本国内においてもアライアンスが増加している背景の1つに，自社だけで新規事業を立ち上げることは困難であるという側面が挙げられる。更には，市場や競合などの外部環境の変化に伴い，当環境への経営資源の適合に齟

齬が生じるため，戦略と内部資源がうまく噛み合わないケースにおいてもアライアンスの活用が検討される。アライアンスの内容については，新規事業立ち上げに係る提携から営業提携，株式を持ち合う資本提携まで様々な種類が存在する。

アライアンスを実施するメリットは**図表5-5**のとおりである。

図表5-5　アライアンスを実施するメリット

1. 経営資源を補完し，新しい収益機会を獲得
2. 提携により時間を買うことができる
3. 大手企業との提携により，外部評価および信用力が上がる
4. 提携先とリスクを分担することができる

アライアンスを実施するメリットとして，外部からの経営資源の調達と，商流の獲得など，一気に販路拡大に要する時間を短縮することが挙げられる。また，ベンチャーにとって，大手企業との提携は，相手方に資金やリスクを担ってもらうことができ，更には自社の外部評価の向上や信用力の補完にも効果が期待できる。

次に，アライアンスの組み合わせついては**図表5-6**のとおりである。

図表5-6　アライアンスのパターン

1. 資金と信用力のある大企業と特長ある新規事業のシーズを持つベンチャー
2. 技術開発力のある企業と販売網を持っている企業
3. 技術開発力のある企業と大規模な生産施設を持っている企業
4. 技術導入型オープンイノベーション（技術ニーズと技術シーズの融合による価値創造）
5. 戦略的提携（ストラテジックアライアンス）
6. その他，競争力強化のための，生存領域の重複しない企業同士の提携

ベンチャーにとっては，アライアンスにおいて，まず1.を模索することとなる。2.の提携パターンはスピード感を持ったシナジーが期待でき，技術力

があるのに販売力が劣後する，また，その逆の企業は数多く存在する。4．のオープンイノベーションとは，自社技術だけでなく，他社が持つ技術シーズやアイデアを組み合わせ，革新的なビジネスモデルや製品開発につなげるイノベーションの方法論であり，そのアライアンス先は大学や公的研究機関など，企業に限らない。これは技術ニーズと技術シーズをマッチングし，新商品や新市場の創造，生産コストの削減や性能向上など，新たな価値創造を行っていく仕組みであり，現在，東レや大阪ガスなど多数の日本企業が，オープンイノベーションを主要課題として取り組んでいる。5．の戦略的提携とは，複数の企業が対等の立場で協業し，それぞれの得意分野において分担して事業を推進，競争力を強化することである。グローバルな競争下において，戦略的提携は今後も企業の規模や業種を問わず活発化することが見込まれ，過去の大きな事例としては，三菱UFJフィナンシャル・グループとモルガン・スタンレーの提携などが挙げられる。最後の6．の生存領域の重複しない企業同士の提携については，新規商品およびサービスのクロスセルができる，商品構造が異なる企業同士の提携が想定される。

　それではアライアンス実行の手順について考えてみたい。まずは自社の置かれた環境と予測される未来に鑑(かんが)み，自社の経営資源で不足する要素を検討することとなる。次にどのような経営資源を持つ会社と提携することがよいかを検討することとなるが，具体的なアタックリストの策定から交渉，共同の事業プランの策定から提携契約に至るまで，およそ数カ月から半年間を要することとなる。

　欧米のグローバル企業において，アライアンスは日常における戦略実行の，合理的な選択肢として取り上げられ，特に協業先として選定される企業は，その分野におけるリーダー的存在の企業であることが多い。たとえば，インテルが出資したロボットの領域で高く評価されているZMP（東京文京区）などが挙げられる。

　また，アライアンスの交渉段階において相手方が収益以外の価値の獲得を見込み，意外なポイントでアライアンスに至るケースもある。よって，交渉の相

手方が，アライアンスを組むメリットが存在すると判断できるいくつかの要素を事業構想のなかに織り込んで説明することが望ましい。何に協業のメリットを感じるかは，相手の置かれた事業環境やビジョンによって異なり，それらはｉ）売上・シェアか，ⅱ）効率化か，ⅲ）ブランド力向上か，ⅳ）顧客満足度か，ⅴ）社会的信用度のアップやプレス効果，社会へのインパクトか，など多岐にわたる。

これまで企業は，ダイエーがコンビニ業界へ進出した例（ローソン）や，電機メーカーや家電量販店による住宅業界への進出など，自前主義で多角化によって他業界へ進出し，また，市場規模の拡大に依存するかたちで事業も成長を遂げることができた。今後は，このような他業界への直接的な進出による新規事業の立ち上げではなく，たとえば医療や自動車のIT化による新たなソリューションの提供など，他の業界もしくは複数の業界におけるアライアンスを通じた，事業コンセプトや収益モデルの融合を成し遂げることによる，新しい市場の創出に大きな役割が期待されているといえよう。

5　新規事業立ち上げにおける財務マネジメント

ベンチャー企業においては，大企業と同様のマーケティング手法や財務，投資戦略を採用することは困難であり，その要因として，まずは圧倒的な経営資源の差が指摘される。それでは新規事業立ち上げにおいて，必ずしも大企業が有利であるかというと一概には言えない。

大企業であれば，まだ存在していない市場もしくは存在が不確かな不明瞭な市場について，社内への説明は困難を極めるであろう。更には想定される初期顧客への，プロトタイプによる頻繁なテスト作業を行う上での社内でのハードルは高く，失敗を前提とした「事業は仮説に過ぎない」という概念自体も社内では容認されにくい。また，大企業の新規事業部における方法論としては，危機管理に際して依拠している，確率論的思考に偏向し，数10個のプロジェクト

が単なるポートフォリオの一部として採用され，各自予算が割り振られるといった，経営レベルに則した戦略が存在しないケースも散見される。

　一方，ベンチャー企業においては，失敗を繰り返しながら小さな仮説を1つひとつ潰していくことによって「解」に近づく，というアプローチを採用することができ，また，次々と変わる経営テーマに沿って，組織を都度変えていく柔軟性を有している。

　ベンチャーにおける投資手法としては，まずは資金的なリスクを回避しながら，基本は焦点を絞った上で，選定した事業に重点的に資源を配分することとなる。よって，ある小さな市場でNO.1になる領域を切り分けることができたならば，その顧客，商品サービスもしくはその使用のシチュエーションなどの切り口において，戦力を集中させたフォーカス戦略を実行する。つまり，大手とバッティングしても，必ず勝てる得意の領域，または自社が特化および高度化した事業範囲でのみ戦うこととするのが基本戦略となる。現在，小さくとも，隙間市場において売上もしくは利益の世界シェアが8～9割を超える企業が多数存在するのは，これら戦略の成功事例であるといえよう。

6　新規事業における事業計画の立て方

　ここでは新規事業における事業計画の立て方についてみていきたい（**図表5-7**）。まず，事業計画は次の項目によって構成される。

　4．事業概要にて，何を誰にどうやって売るのか，の説明を行い，5．の事業特徴においては，類似企業の状況および自社が優れている点について記載する。また，6．のビジネスモデルにて，組織が存続するためのロジック（論理）を指し示していくこととなるが，ここでは「誰に，どのような顧客価値を，どのような経営資源を持って，どのように伝えるか」について構造化し，そこに時系列を加味したキャッシュポイント[2]を合わせて検討することが望ましい。

　ビジネスモデルについては，ビジネスモデルキャンバス[3]などが有名であ

図表5-7　事業計画書の構成

1. 会社概要（会社の概要，代表や所在地，資本金など）
2. サマリー（事業計画書の要約）
3. 会社のビジョン・経営理念（何の実現を目指すのか）
4. 事業概要（何を誰にどうやって売るのか，先の先を読んだ市場）
5. 事業特徴（類似の事業をやっている先は？どこが優れているのか）
6. ビジネスモデル（経営資源や顧客価値，時系列を加味したキャッシュポイント）
7. サービス説明，販促（サービス内容・技術ノウハウ，価格，販促，試作品有無）
8. 事業展開スケジュール（5年間スケジュール，商品・市場展開，アライアンス）
9. 創業メンバーの経歴，組織につき説明
10. 収支計画（1年目：月次で，1年目以降：年次。売上・粗利・利益および構造）

るが，筆者は少なくとも下記の点について押さえておくことを勧めしたい。

ⅰ）「先の先」を読んだ市場の参入タイミングと顧客の定義

ⅱ）強みや経営資源およびアライアンスによる補完

ⅲ）どう顧客を拡大するか（どのような顧客価値をどのように伝達するか）

ⅳ）どう事業を創造するか（戦略の実行およびキャッシュポイント）

　ここで上記，ⅰ）からⅳ）について，ぜひ役員や他のマネジメントにも検討してもらうことが望ましい。これにより，自社のマネジメント内における齟齬の解消や，それぞれの方向性を統一して，ベクトルを合わせる役割も期待できる。また，それぞれの要素は，仮説に過ぎないという前提のもと，それぞれの項目を検証していく作業が大切なのであるが，特に顧客価値の明示や市場の定義など，優先度の高いものから採用して仮説検証していくこととなる。次に

2）　自社への報酬や売上が発生する場所・ポイントを指す。
3）　BMC：Business Model Canvas　アレックス・オスターワルダー，イヴ・ピニュール著「ビジネスモデル・ジェネレーション」にて説明された，ビジネスモデルのフレームワーク。

サービスや商品，資金のフローを示した連関図の作成につき，自社を取り巻くプレイヤー（顧客，競合，アライアンス先）を１つのピクチャーにて表し，上述したｉ）〜ⅳ）の要素，経営資源や顧客への提供価値，キャッシュポイントにつき，相互関係や時間軸を踏まえて記載していく。最後に，9.の創業メンバーについては，ⅰ）創業メンバーそれぞれの経営資源・強み（営業面，技術面），ⅱ）それぞれが事業立ち上げに向けて行ってきた実績，などについて説明を行う。

　以上，事業計画書を第三者的視点から磨き上げ，項目毎に整理していくことが事業の実現性を高める第一歩となる。

補論：ベンチャーを取り巻く国内外の動向および世界的ベンチャー企業のケース

　国内における2015年上期のIPO（新規株式公開）は42銘柄となり，上場１年以内の銘柄の値動きを示す「QUICK IPOインデックス」は年初来３割近く上昇しており，依然，新規上場企業の成長に対する投資家の期待値の高さを表している。また，政府は起業段階から新興フェーズおよび成長フェーズに至るまで，資金の多様な供給を可能とする方針を打ち出している。起業段階においては，今年2015年５月に投資型が解禁になったクラウドファンディング[4]を軸としており，創業後まもない新興フェーズ，成長フェーズにある企業には，ベンチャーキャピタルの投資を促し，金融以外の事業法人が組成する投資ファンドや，地域活性化ファンドからの出資も促進する方針が打ち出されている。

　これまで規制によって，日本国内の金融機関による中小企業やベンチャー企業への出資が縮小していたが，これら「創業後」の支援策は，今後ベンチャー

---

[4]　ネットでお金の貸し手と借り手をつなぐサービス。国内においては，11年度の東日本大震災の際に購入型のクラウドファンディングが拡大，更には14年度に310億円と，前年同期間比約２倍に大きく伸長している。また，15年５月には，未上場企業の株式投資が解禁となり，個人１人当たり50万円までの投資が，また，企業は１億円未満までの資金調達が可能となった。

図表5-8　世界的ベンチャー企業：ケース

企業名	Kickstarter （キックスターター）	Coursera （コーセラ）
企業概要	・09年設立の米国企業で，クラウドファンディングによる資金調達手段を提供。14年のプロジェクト出資者の実績は330万人を超える。	・12年にスタンフォード大学教授らが創業した，世界最大のネットを介した教育系ベンチャーで，講義提供サービスを展開。世界中で利用者は1000万人を超える（14年末時点）。
市場参入タイミング	・13年に米国における出資型解禁（※日本は15年の5月に解禁）。同年，ゲーム制作会社が開発費用3億円を集めた実績がニュースで取り上げられたことが契機となり急拡大。 ・映画・ビデオおよび音楽のセグメントがプロジェクトの半分以上を占め，同市場を早期占有。	・タブレットの普及やクラウド等のITインフラコストの減少が市場背景として存在。 ・その他，VCによる資金調達，一流大学との提携が進んだこともタイミングとして奏功。
ビジネスモデル・顧客価値	・先行するIndiegogo（起業，クリエイティブ，社会貢献の3領域）が存在したものの，当社はクリエイティブに特化。 ・出資側は金額が小さくリスクの抑制が可能に，また，調達側にもファンディング段階で市場動向を伺い知ることができるメリットが存在。	・これまであった講義配信と異なる点として，10分から15分と細切れで「誰でも」視聴できることや，オフラインでの受講生のコミュニティーの集まりなど，授業に則した企画が存在（顧客＝一般視聴者）。 ・一流大学との提携，ビジネススクール（ウォートン等）も参画。その後，視聴者を経営資源と捉え，MITや企業への人材紹介を実施（顧客＝企業，大学）。

Elance-oDesk (エランス・オーデスク)	Airbnb (エアビーアンドビー)	iRobot (アイロボット)
・03年創業，シリコンバレー拠点の世界最大のクラウドソーシング・サービスを提供。登録ワーカーは15年に1,000万人を超える見込み。	・08年設立，サンフランシスコ本社のベンチャー。世界中の個人所有の不動産物件がシェアできるサービスを提供。80万件以上の物件を世界190カ国以上で取り扱う。 ・規制や法的制約（旅館業法など）があっても事業拡大を試みる気概あり。	・MITの人工知能研究所で働いていた3人が90年創業。元は軍事用ロボット等の生産で急成長。お掃除ロボット「ルンバ」は13年日本販売累計100万台を突破。
・この1年で倍近くに急成長。米国最大規模でプログラミングから翻訳，単純作業まで業務内容は広範に及ぶ。 ・国内でもここ4，5年でクラウドソーシング・サービス（※1）が登場しているものの収益化は未済。日本でも約4割が非正規社員となり市場拡大が見込まれる。	・最初は都市のイベントなどに依存し，低迷期が続く。 ・Ramen profitable（※2）のかたちにて継続し，その後，朝食を出すこと，入居者がいること，などの要件を削除し，スペース空間を貸し出すという概念に移行。反対にホストが不在時に貸し出したい潜在ニーズが大きいことに気付き，ビジネス領域を発掘，拡大。	・02年に発売開始。09年以降に爆発的に売上伸長。 ・米国ではルンバシリーズ以外に，床を洗浄するロボット，床をモップがけするロボット，プールを清掃するロボットなどを家庭向けに販売。
・評価や実績，チャットを通じ，迅速に業務実行を決定できる。また，在宅ワークの様子をマウスにて自動検知を行ない，ワーカー側もオフィスで協業するかのような，作業環境に係るコラボレーションのプラットフォーム（チーム機能）を提供。 ・支払決済を一括管理することにより，決済リスクおよび煩わしさを払拭。	・ユーザーイベントなどのコミュニティー作りでリピーター兼プロモーターを獲得。 ・「星のや」と同じく，口コミを重視し，マーケティング費用を削減しても顧客満足度は減らずにファン層を確立。 ・ホスト側は決済リスクを回避して収入を確保し，旅行者との交流も楽しめる。ゲスト側も，廉価で普段宿泊できない体験が可能な仕組みに。	・技術開発力（人工知能AWARE）をベースとした清掃能力 ・ブランド（最初に市場を開拓したパイオニアとしての，確かなブランド） ・既存の掃除機との併用であり，既存の掃除機に対する競合，という枠を外したことが消費者に受け入れられる。スタイリッシュなボディーも高評価。

企業名	Kickstarter （キックスターター）	Coursera （コーセラ）
事業創造の実行	・プロジェクトを載せるクリエーター自身が宣伝，プレスにも取り上げられる。広告宣伝費を掛けずにネットワーク効果（※3）によって，より多くの人に公開することが可能に。また，コンテンツが外部から集まる仕組みを確立。 ・以前から存在していた少額出資のビジネスモデルにITを融合，市場を一気に世界規模に持っていったことが大きな拡大要因に。 ・収益は成立プロジェクトの調達額の5％をフィーとして徴収。	・誰でも視聴できることから，社会人を含めた，教育や学習のあり方・価値観を変えるイノベーションに。 ・大学講義配信は10年前から存在したものの，講義の領域と量が増加してグローバル規模に拡大。 ・学習履歴から，優秀な人材を提携企業に紹介。また，企業への適性検査の実施，学習ビッグデータの活用，教育機関への学びの場としての活用サービスの提供，個別指導，個人へのフリーミアムモデル（※4），広告等々多数のキャッシュポイントが存在すると見込まれる。

Elance-oDesk （エランス・オーデスク）	Airbnb （エアビーアンドビー）	iRobot （アイロボット）
・発注側は進捗確認・管理監督，受注側は時給保証制で働いた分の報酬確保，が可能。フルタイムワーカーが増加し，競合と比して案件額が大きい。 ・オンラインワークを市場領域と捉えており，ⅰ）サービスの多様化，ⅱ）グローバル化（市場の拡大），ⅲ）顧客領域（大企業や行政など）の拡大が見込まれる。 ・案件情報をデータ化，技術トレンド分析を企業や技術者へ発信。	・上述のとおり，サービスの制約を取り払い，サービス対象領域を拡大。イベントや季節的要素などに左右されない安定した案件ポートフォリオの構築を見込む。 ・決済代行（ホスト側から3％，ゲスト側から6〜12％）。 ・コアユーザーを経営資源と捉え，SNS等で拡散。	・当初は百貨店などにおいて販売，拡販の素地が整ったところで家電量販店などをチャネルに加え，TVCMを含めたメディアミックスを実施。 ・共働き世代などによる時間効率の重視で需要拡大。

（※１）発注者がオンライン上で受注者を公募し，仕事を発注することができるサービス。広義の意味においては，不特定多数の寄与を募り，必要とするサービスやアイデアを取得するプロセスを指す。

（※２）webスタートアップなどで，生活費を稼げれば撤退することなく事業の存続は可能と捉え，何度も仮説検証を繰り返して挑戦する手法。

（※３）同じサービスを利用するユーザーの増加により，それ自体の価値・効用が高まる効果を指す。

（※４）基本的な機能やサービスを無償で提供し，さらに高機能な有償サービスによって収益を得るビジネスモデル。

のフェーズごとのサポートの観点からも，大いに時宜にかなったものといえよう。

　シリコンバレーでは，スタートアップ段階の企業に資金提供するシードアクセラレーターという組織が急速に拡大しており，欧州においても同様の動きをみせている。シードアクセラレーターは，若者対象のスタートアップセミナーやビジネスプランコンテスト，教育プログラムを提供し，同時にインキュベーション施設をオープンして出資も行う。当出資金額の平均資金提供額は，1件2万ドルを超えない程度であり，逆に資金面では深入りしない，健全な関係性を重視した，心地よい距離感を保っているともいえる。また，米国における起業家率は10％と日本の約2倍を記録しているが，エグジット（出口戦略）については，未だそのほとんどをIPOが占めている日本とは異なり，M＆A（企業間買収）が9割以上を占めている（IPOは1割未満）。

　上述した，市場参入タイミング，ビジネスモデル・顧客価値，事業創造の実行の3つの側面からみた，米国発の，世界的ベンチャー企業のケースを**図表5-8**の表に取り上げた。

第6章

今後求められる経営企画部像とは

1　外部環境の変化

　ここでは，経営企画部のあるべき姿の提言の前に，まずは外部環境の変化としてどのような動きが見られるのかを探っていきたい。従来の日本企業においては，「売上至上」の計画のもと，会社や金融機関との株式の持ち合いや，能力を度外視した出向の受け入れなどにより，いざとなったらメインバンクや親会社・関連会社から支援が得られる前提で経営がなされてきた。一方，今後は，売上だけでなく，ROEや投資収益率など多様な指標で自社が評価され，また将来的には機関投資家やファンドなども株主となる可能性があることから，コーポレートガバナンスの機能強化も求められる。更には，役員や幹部候補生を生え抜きだけでなく社外から抜擢することも考えられ，今後は「組織文化」の維持・融合が課題となってくるであろう。

　また，「組織」における人材を育てる基礎となる学問の世界においても，現在，地殻変動が起きていると言われている。学問と政策課題のミスマッチについては，文部科学省学術審議会委員で，元産業再生機構COOの冨山和彦氏[1]からも解決案が提唱されている。

　米国においては，補論にて記述したとおり，北部型の経済から南部型，更には東部型（ニューヨーク型）や西部型（シリコンバレー型）といった高付加価値の金融，ITサービスへ集中する選択を実施し，欧州においてはドイツも製造業をベースにして高付加価値なものにシフト，フランスもEUにおける農業生産の3割を担う農業大国という側面を持ちつつ，原子力などの先端産業に加え，「文化」という資源を活かして小売業・観光業などの拡大を図ってきた。

1）　冨山氏によると，グローバル人材とは大企業に所属する少数精鋭の人材群で，ローカル人材とは，サービス業に従事する人材を指す。大多数を占める中小企業のローカル人材（候補）への教育については，大学においてもアカデミックなことはせず，会計ソフトの操作など職業訓練に特化すべきと提起。
　　一方，このような人材の格付化による，尖がった人材の輩出に係る阻害要因も指摘されている。むしろ人材や大学の区分けをせずに，目線やマインドの高い学生を差別なく対象とし，人生のなかで何度も訪れるであろう成功への機会に向けて一歩踏み出す勇気を与えるべきと説く意見もある（ビジネス・ブレイクスルー大学　大前研一学長）。

日本の場合も，サービス業がGDPの7割を占めるまでに拡大し，その生産性向上が急務である。実際，筆者もサービス業に関する企業に携わるなかで，ミドルクラスの崩壊または育成遅延が，中小企業の占める割合が多いサービス業においていかに「足かせ」となっているかの気付きを得ることができた。これには後述する「経営企画部の機能強化」がその解決策の1つとして考えられる。更には，中小企業が中堅・大企業へと成長する過程においても「ミドル」がその推進役としての役割を期待されることから，冨山氏の主張する学問と現場のミスマッチ解消の命題として，経営企画部スタッフもしくはその変革マインドや起業家精神[2]を持つミドルの人材育成について，どのように教育の現場にて落とし込んでいくかを十分に議論すべきであろう。

2　内部環境の変化

　次に内部環境で起こっている変化について見ていきたい。従来は，一定の成長が見込まれる市場を前提とした「戦術」を追求する組織形態が重んじられ，国内企業ではきちんと管轄する部門を管理できる人材を育てるべく，社内の幹部教育もそのような総花的なスキルを持った人材，すなわちゼネラリストを目指したものであった。また，新卒で入社した会社に一生勤め上げることが前提とされ，競争も多くはドメスティック（国内）を想定したもので，内需が厚い日本ではそれで充分企業存続が可能な環境であった。
　今後はグローバルな競争下において，管理を重視した中央集権的な組織ではなく，「持株会社」や「カンパニー制」といった自律分権型の組織形態で，選択と集中を軸にした「戦略」を重んじた経営の舵取りを行うことが必要となってくる。よって求められる人材についても，問題解決型の人材や，自分で一から事業を立ち上げられる起業家精神を持った人材，多様でグローバルな組織の

2）　ここでいう起業家精神とは，実際に起業や社内ベンチャーを指すのではなく，自律的に一から価値を生み出せる人材のことを指す。

中で能力を発揮できる人材へと変容している。

　現在，国内企業で起こっている問題点として，ある程度の規模へと事業拡大したにもかかわらず経営企画部が存在しない会社が多いことや，代わりに総務人事や経理などがその機能を担っているものの，中期目標や社内のマネジメントの仕組みが定まらない組織が多いことが挙げられる。また，経営企画部を設置した場合においても，その教育に係る方法論が確立されていないことから，望まれるスキルセットと現実のギャップが生じる場合も多い。更には，経営企画部の組織上の役割，ポジショニングが明確でないケースも散見され，これでは一部の特務案件や各部門でこなせないような案件を引き受ける下請け・ヨロズ機関に終始しやすく，また中期計画を作成する一方で予算計画にはタッチしないなど，戦略のベクトルの整合性および一貫性を保つことが難しく，実行性に欠けるケースも多々見られる。

　また，欧米型の経営企画部に多く見られる，現場に行かないパターンや，MBAや幹部研修を受けてはいるが，その業種やインダストリーの現場でのバックグラウンドを持たないことから，事業部との軋轢（あつれき）を生じやすいパターンも数多く見られる。更には計画を策定したとしても，実際にそれを執行する事業部が納得しないケースや，経営企画部自体に計画を策定する，決裁する「権限」がない場合もあり，環境の変化する速度に企業がついて行けていないのが現状である。

　企業は年商が100億円ぐらいまでは，社長のリーダーシップや秀逸な商品・サービスの発掘により成長することが可能だが，そこから踊り場に入るパターンが多い。もちろんこれは業種や業態，市場の特性によっても異なるため，企業によってはその壁が50億円規模や150億円規模である場合もある。その踊り場から抜け出す方法論については，経営学の世界では未だ明快な「解」は示されていないとされており，これは企業だけでなく自治体や政府，大学や病院などの医療機関においても，一定の規模でマネジメント上の壁に突き当たる問題が生じている。

3 組織別にみた経営企画部の役割の変容

　それでは今後求められる経営企画部像とはどのようなものであろうか。まずは組織のタイプ別にみた経営企画部の役割について考えてみたい。

　「トップダウン型」組織はスピーディーであるが，社長のマネジメントに不満があると士気が低下する場合があり，またトップが決めないと決めない「待つ」組織風土に陥るおそれもある。第4章で述べた，いわゆる「ヒラメ社員」である。一方，「ボトムアップ型」組織が重んじる現場主導型では，現場にて価値観を共有し，現場で問題解決を行う強みが存在するものの，市場や競合環境の変化など，マクロ環境における有事に弱いのが特徴である。そのようなケースにおいてはトップが指導力を発揮し，組織全体を導く方針を指し示す必要がある。

　よって望ましい形態は状況によって様々ということになるが，経営企画部の社内での位置付けについても規模や業種によって異なり，またその組織の理念や文化，目指すべき方向（グローバル環境下での競争想定か国内のみの競争想定か，管理重視か自立分権か，利潤追求かSocial-Orientedな社会還元なのか，等々）によってもニーズが異なる。それにより経営企画部が関わる，決裁をはじめとする「社内システム」も変わることとなり，経営企画部が出席すべき会議体または会議体そのものの形態[3] も異なってくる。

　経営企画部の社内での位置付け・ポジショニングを明確にした上で，経営企画部の「管掌領域」を取り決めることとなるが，これらはポジショニング（＝組織戦略）が決まった後であることから比較的容易に決めることができ，海外（子会社）を担当するのかといった地理的な要素や，IRや株主総会まで担当するのかといった，対外的なカウンターパートの要素などを加味して検討することとなる。

3）　決裁と会議体についての一例として，稟議を縦割りの決裁で行うか，ステアリングコミティーでその場でプロジェクトに係る意思決定を行うかの2つのパターンがある。

最後に経営企画部の取るべき方針（戦略および戦術への落とし込み）についてであるが，基本的に大企業の経営企画部においてはポートフォリオに鑑みた資源配分や，「弱み」の克服にも充分なリソースを割り振ることを意識することとなる。一方，中小企業においては，基本的に「強み」を活かした集中と選択を目指すべきであり，また実際のところ大企業以上に長期の時間軸で物事を考えなくてならない。これは長期視点を失って先行投資をなくしてしまうと，トップラインの「伸びしろ」や差別化の継続維持が期待できなくなってしまうからである。更に今後はニッチでの競争力を維持できる企業か，100億円以上を目指して拡大成長を具現化できる組織でないと生き残ることが困難と指摘されている。しかしながら，特に業容の急拡大を遂げた中小企業などにおいては，未だ総務もしくは経理が経営企画部業務に従事しており，組織統合が機能していないことが多い。今後は外部環境や外部のステークホルダー主導による改革の前に，会社自らが組織変革の重要性に気付きその解決に向けての端緒をつかむ必要があると言えよう。

図表6-1は，組織のタイプ別にみた経営企画部の分類である。ここで筆者は，従来の1～4のタイプに加え，5番目として「参謀」と「支援的管理」の

図表6-1　組織のタイプ別にみた経営企画部の分類と役割

1. 大企業・中堅企業
　「参謀型」経営企画部　　　　　⇒指示役
2. トップダウン型組織・オーナー企業
　「社長直轄型」経営企画部　　　⇒推進役
3. ボトムアップ型組織
　「事務局運営型」経営企画部　　⇒取りまとめ役
4. IPO・事業再生・M&A志向型組織
　「目的志向型」経営企画部　　　⇒旗振り役
5. ミドル活用型組織
　「支援型（参謀＋支援的管理）」経営企画部　⇒推進・実行役

両方の側面を合わせ持つ,経営企画部のかたちを提唱している。

4 経営企画部が持つべき機能

4-1 「戦略の一貫性」確保,「リスク・クライシス」への対応

ここではまず経営企画部が持つべき機能として,「戦略の一貫性の確保」および「リスク・クライシスへの対応」を取り上げたい(**図表6-2**)。

図表6-2　経営企画部が持つべき機能

---
1. 空間軸・時間軸における組織連動の一貫性および整合性の確保
    - 「戦略」(事業・ブランド・プロジェクト単位)のポートフォリオ目標の整合
    - 「戦術」マーケティングミックスと計数ロジックの整合
    - 機能部門(財務/法務/人事/コンプライアンスほか)に係る政策の整合
2. リスク・クライシスへの対応(外的,内的リスク)
    - リーガル面を含め,それぞれ起こりうるリスクに対する予防的措置
    - クライシス発生時には,事前に決めておいた財務・事業戦略の分野における自社の統合再生,リストラクチャリング(再構築)を速やかに実施

1.の項目においては,自社の経営資源の有効活用および機会獲得の極大化を図り,また,個の組織体で得られる効果の発現を,「ターゲット(ここでは顧客や事業領域など)」を定めることにより確たるものとすることができる。また,将来の目標・ビジョンに向けた,「時間軸」においては,マイルストーンの全社的モニタリングと,「市場戦略」と「企業戦略」を同時に進行することによるシナジーが期待される。

2.のリスクおよびクライシスに係るマネジメントにおいては,経営企画部はそのリスクのブレ幅の圧縮化に努める役割を担う。ここでリスク=経営のボラティリティー(変動幅)と捉えた場合,ブレ幅を縮小することだけでなくそ

のレンジを切り上げていくことはもちろんのことであるが，上に行き過ぎるのを抑制する役割も時には必要となる。これは事業が急に拡大し過ぎると，人や組織が追い付かず「歪み（ひず）」が出てしまうのを防ぐためである。このような歪みが生じた事例としては，ゲームのヒットに依存するSNS業界や，拡大路線で人材育成や販売員そのものが足りなくなった大手牛丼チェーンなど枚挙に暇がなく，できれば緩やかな成長曲線を描き，身の丈にあった事業拡大を目指すことが望ましい。100年もしくはそれ以上の事業継続性，ゴーイングコンサーンを実現することは，いわゆる企業の社会的使命でもあることから，一過性のブームや大口の取引に一喜一憂するような経営の舵取りは避けるべきと言えよう。

以上，事業リスクを危険度ではなくブレ幅と捉えて述べたが，そのブレ幅である「不確実性」について，ビジネスの世界では2つの不確実性が存在することに注目したい。それは「内生的な不確実性」と「外生的な不確実性」であり，内生的な不確実性とは，企業自らが行動を起こせば低下させることができる不確実性のことをいう。よって企業は，ファイナンス理論から派生したリアルオプション的[4]なアプローチで，不確実性が下がるのを待つのではなく，むしろ経営企画部の業務分掌の1つである外部との「インターフェース（接点）」を活かし，調査や外部ステークホルダーとの協動または適切なタイミングでのIR発信など，積極的な行動により不確実性を抑制するよう，自助努力をすべきであると考えられる。

4-2 「支援的管理」の実践

現在，外部協力者とのインターフェースも含めて，経営企画部が持つべき接点や活動領域が広がりつつある。内部活動においては，経営企画部がミドルク

---

[4] 段階的な投資を検証する手法。例を挙げると，当初2年間は3割の投資で抑制し，不確実性が高いままであればそのまま小規模にて事業を継続，事業が軌道に乗れば，オプション（選択肢）としておいた残り7割の投資を実施，失敗すれば撤退する，というような考え方である。コロンビア大学のリタ・マクグラスと，ペンシルヴァニア大学のイアン・マクミランらがリアルオプションの事業計画への落とし込みを研究している。メリットとして，①事業環境が変化した際のリスクを抑制できること，②仮説立てた理想の市場環境の発見時には機会損失を免れること，などが挙げられる。

ラス以上のマネジメントとのやり取りを通じ，社内における「戦略」と「戦術」のギャップを埋める役割も期待され，戦略を決める者とそれを実行する者が異なる場合が多い日本企業においては，特にその重要性が注目されている。

第4章の**図表4-7**において，経営企画部の持つべき機能の1つに「ターゲットを定めた，組織連動および時間軸の整合性確保」を取り上げたが，ここで強調したいことは，「戦略も，商品・サービス設計やプロモーション施策と同様に「仮説」の1つに過ぎない」ということである。しかし，仮説を持って立案した戦略に基づく経営において無駄なことは一切存在せず，失敗したと分かった時点で，軌道修正していけば良いのであり，ここでは経営企画部として次なるプランB，プランCの事前検討の実施や，失敗の兆候を嗅ぎ取る嗅覚を磨くことが重要となってくる。

これまでの経営学の世界における主たるアプローチとして，ポジショニング理論[5]と，リソースベースドビュー（以下，RVB）[6]の2つのセオリーが存在してきた。今後，経営企画部が活動すべき領域は，市場参入のタイミングや差別化といったポジショニング理論における競合を意識した「市場戦略」から，RVBに代表される，組織的なリソースに重きをおいたアプローチ，すなわち「企業戦略」までを網羅すべきである。また，それら戦略に関わる，協力者・ステークホルダーの求める情報開示，もしくは社内外で通りやすい言語に変換を行うIR作業についても，経営企画部に必要とされる重要な役割の1つとなる。

上述した「戦略と戦術」「市場戦略と企業戦略」の整合が望ましいとの視点に立った場合，本章の3にて述べた「参謀型」に特化した経営企画部であれば，戦略の立案のみに集中できるメリットがあるものの，戦術への落とし込みおよびその管理がうまく機能しないケースが多い。一方，「事務管理型」においては，上から下りてくる戦略方針のみの管理にとどまり，その上位概念である戦

---

[5] マイケル・ポーターが打ち出した理論で，市場の競争環境から自社はどういうポジショニングをとるべきかを問いかけて経営戦略を立案する考え方。

[6] 資源ベースアプローチ。1990年代に入って生まれた概念で，企業内の資源に着目して戦略を立案すべきとの考え方で，資源を①有形資産（生産設備や不動産など）②無形資産（ブランドなど）③組織のケイパビリティー（インプットをアウトプットに変換する人材・組織，プロセスなど）に分けている。

略にまで携わるのは困難であろう。よって今後の望ましい経営企画部のかたちとしては，組織体制および時間軸の整合性を確保するための「参謀的」な役割をベースにして，日本のこれまでの「現場での解決力」といったボトムアップを活用し，更にはミドルクラスにおける戦略から戦術への落とし込みを強化・サポートしていくことのできる「支援的」機能が強く求められるのである。

　ここでは「支援的」という言葉を用いたが，これは経営企画部の役割そのものが，セクショナリズムや定型業務にとらわれないというポジションを活かし，これまでの裏方・黒子役から，自らの責任とコミットメントを明確にした上で各関係者とのインターフェースを持つ，「支援型」の推進役へと変容することを意味する。また，これらを実現するためには，経営企画部がミドルを（支援的）管理できるよう，経営企画部が持つべき「権限とフロー」を充分に吟味しなければならない。更には極論すると，経営企画部の煩雑な「事務作業」についても，本来的な職務に集中するために極力なくすべきとも考えられる。経営企画部の役割が，従来の理想とされる「参謀型」から「支援型」に移行すると仮定した場合，これまでの戦略の策定や将来に係る仕事に費やす割合は2〜3割となり，その他大半の時間を変革の実行フェーズである「支援的管理＋実行管理」に割り振ることとなる。

　筆者は，ミドルクラスもしくは事業部門および人事などの機能部門の執行を担当する責任者に対する「支援的管理」が機能することにより，経営企画部が内部・外部に向けて設定したマイルストーンに基づいてIRを実施し，必要な外部支援および時間軸の確保をすることにより，目標達成の確度をより確実なものにできると確信している。

　通常求められるスキルセットを考えた場合，対内的スキル（社内推進力，リーダーシップ）と対外的スキル（問題解決力，交渉）は別個のものとして求められるのが大半であり，管理責任者であれば対内的スキル，経営者やマネジメント層は取引先や株主といった対外的スキルを身に付けていくものである。一方，経営企画部においては，それぞれ社内での位置付けに共通する技能として，その両方が求められることとなる。

そこで内部目線と外部目線で経営を論じた場合，必ず出てくるのが前述したポジショニングとRVBの概念であるが，それぞれに必要な要素は相容れないものでなく，統合して力を発揮できるものとして捉えた場合，それはバーニーの計画主義とミンツバーグの学習主義[7]においても同様であると言えなくはないだろうか。

　ポジショニングが前提とする「競合や市場環境は移ろう」という前提のなかで，RVBに係る「組織能力」の継続可能性については確たる保証が存在しないことから，計画と学習（もしくはラーニングにドライブされた「変容」）のそれぞれの概念という意味では前提は一致する。つまり，組織として「精緻」に計画を立ててPDCAを回すやり方と，事業を開始しながら市場環境や顧客の嗜好などを学習して変革を模索する要素の共存は可能なのである。

　今後は，環境の変化をいち早く捉え，「組織の知」を活かしたイノベーションを発揮できるケイパビリティーを持たない限りは，このサイクルの短縮化した市場において生き残ることは決して容易ではない。上述した「精緻」の意味において，単に時間を掛けるということではなく，数多くの仮説を立てる，ということに重きを置くことによって，結果，PDCAの中のPからAに移行するプロセスから得られる学び，ラーニングが多く得られることが期待できる。そしてそれらの学びをミドルクラスの階層にて，ホライズンタル（水平）に活用するまでの役割を，経営企画部として担うことが望ましい。

4-3　「イノベーション」の創出

　最後に，今後の経営企画部に求められる機能として，シンクタンク的要素を取り上げたい。経営企画部は専門部署として，ノウハウや知識を蓄積，更に社内の仕組みに落とし込むことで機能強化を図っていくことになる。これらの知

---

[7] ミンツバーグは，「戦略を練り上げる（ハーバード・ビジネス・レビュー）」にて，「不確実性の高い時代には，事業の目的や計画は実際に事業を進めていくうちにおのずと形成されてくる」と主張。また，その大著『戦略計画　創造的破壊の時代（The rise and fall of Strategic Planning）』で，創発型戦略の場合には，全社的な戦略は予期しないときは言うに及ばず，小さなアイデア（独創力）から，また，奇妙な場所から発生するかもしれないので，社内のほとんどの社員が戦略家となり得る。と述べている。

識や知見とは，新規ビジネスの開発ノウハウから，自社が属する業界特有の知財関連，リーガル面での優位性確保に係るノウハウまで多岐にわたり，それらは自社組織が学習したもの，PDCAのDの後の仮説検証に基づくデータの蓄積でもある。

経営企画部の「使命」は，組織マネジメントの変革であり，最終的にはイノベーション創出のための「エンジン役」とするならば，ジョゼフ・シュンペンターが著書のなかでその要件をNew Combinationと提示したように，イノベーションを生み出す，すでに存在している知と知の組み合わせを実現しなければならない。また，そのような現場での創発的なイノベーションや戦略は，それを遂行するための資源が必要となることから，これらを社内および社外で説得するのも経営企画部の大きな役割の1つである。最終的な目標は，幅広い知識にアクセスできると同時に，組織における接点を幅広く持ち，またそのそれぞれの個の知に係るスペックを把握，伝達することによって，トランザクティブ・メモリー[8)]に代替するような円滑油的なポジションを担うことである。

5　具体的な「組織変革」の方法論

5-1　ミドル主導型の改革

ここでは組織変革に係る具体的な方法論について述べていきたい。組織変革においてはミドルクラスの人材もしくは事業部門や機能部門における執行担当者に着眼すべきであるが，この点について考えてみたい。一般に，組織における情報の伝達率は5割程度と言われる。仮に社長が取締役に伝達し，そこから部長に伝達するとなると，2つのステップを挟むことから伝達率は25％（50％

---

8) 組織の各プレーヤーが，他のメンバーの「誰が何を知っているか」を把握していることが，組織の記録力において最も重要であるものとし，組織学研究において人の記憶と組織の記憶のメカニズムの違いを説明したもの（入山章栄著「世界の経営者はいま何を考えているのか」英治出版）。

×50％＝25％）となる。よって，いかにトップの方針が伝わりにくいかと，ミドルの育成（伝達率の改善）が重要かおわかりいただけるかと思う。

　組織変革を行う際に，最も重要なことは「マネジメント層とミドルの行動変革」である。なぜなら人はその人の言葉ではなく「行動」に影響されるからである。部下や現場は，常に上司の影響を受けていると考えられることから，ミドルの中核に立つ人材については，理念やミッションを体現できる人材を抜擢し，できる人が生き生きと働ける職場をととのえることが望ましい。

　経営企画部においては，常にこの「ミドルの活用」とそれらの「自律的な意識や行動」に対して敬意を払い，更には支援的管理を通じて「小さな成功体験」や「エンパワーメント（動機付け）」をサポートすることが求められている。

(1) 経営企画部がミドルと接する際に注意すべきこと

　現在，大手企業においては，事業本部制やカンパニー制を採用しているところも多く，また，事業部長クラスでは，若返りがなされているものの，未だ50代以上のベテラン生え抜きの優秀なマネージャーが多く存在する。実際の経営企画部の業務を現場のプラクティスに落とし込んだ場合において，このようなミドルもしくはそれ以上の階層の社員と，比較的若い経営企画部スタッフはどのように向き合えばよいのであろうか。

　もちろん，本部長や現場とのやり取りにおいて専門知識では勝てないことから，教科書的な「解法」としては，彼らと同じ土俵で勝負するためにも具体的に数値化する，マーケティングのフレームワークを用いる，などの「共通言語」に変換して議論することが挙げられる。また，取り組み姿勢としては，経営企画部は，経営視点の「軸」は持ちながらも，公式・非公式に事業部を支援する姿勢を全面に打ち出すことにより，対立，指示や管理でなく，「支援型・協力型」の協働体制を構築するよう努力すべきである。

（2）変革を要する組織で多く見られるケースとは

次に組織変革を必要とする組織について見ていきたい。トップが危機感を持って組織変革の必要性を感じる場合には，主に以下の状況が確認されている。

ⅰ）トップのビジョンや将来の方向性が現場の末端まで共有されていない。

ⅱ）ミドルが機能しておらず，現場の意見がトップに伝わらないと同時に，逆にトップの指示・意向も現場に伝わらない。

ⅲ）指示されたことは間違いなくやるが，社員からの創造的な提案は皆無。

特にⅰ）については，組織の方向性や，場合によっては組織図をはじめとする組織の全体像を現場が掴めていないことが考えられ，このような状況下において組織本位で仕事に取り組んだり，自律的に他の部署との連携をとって行動したりすることは期待できない。ⅲ）の事例では，4章で取り上げた，いわゆるヒラメ社員が増加していることが予想される。

それでは逆にボトム（現場）から見て組織変革が必要であると感じる場面としては下記のような障害が挙げられる。

ⅰ）何か提案をした場合，提案した人がそのプロジェクトをやらされる風土があり，自身が苦労することを避けるために誰も新規提案を行わない。

ⅱ）当社ではこのような事案は取り扱わない，このようなケースではこう対処する，などの固定概念に束縛され，新しい意見や外部からの提案につき一切受け入れない。

ⅲ）年功序列や社内での力関係が存在し，意見を述べることができない。

さて，読者の方々の属する会社や組織に照らして考えてみるとどうであろうか。

5-2 組織変革における目指すべきゴールとは

（1）経営企画部はミドルの成功体験をサポートして自律性を促す

ここで，経営企画部が主導する組織変革の目的について考えてみたい。それぞれの部門の構成員が組織全体のビジョンを共有し，外部環境に適応しながら周囲を巻き込むことで，「学習」と「変革」を続けながら進化する力を備えた

組織つまりはPDCAの組織学習サイクルを自律的に回す組織を作り出し，継続していくことが「目指すべきゴール」となる。そのためには，変革のコアとなるミドル自身が，小さな成功体験を得ることが重要となってくる。そこで改革のステップにおいては，選抜したモデル部署におけるアクションラーニングを取り入れることで効果が期待できる。

（2）経営企画が把握する「組織風土」とは

目指すべきPDCAを自律的に回せる組織を理想とした場合，経営企画部はまず現状との乖離を把握する必要がある。ソフトの側面における象徴的な項目として組織風土が挙げられるが，組織風土の定義は下記のとおりである。

「組織風土」＝ 直接的もしくは間接的に知覚され，従業員の特定の考え方や行動様式，動機付けに影響を及ぼすと考えられる価値観などの集まり。

また，同時に企業においては「暗黙のルール」が数多く存在し，それらは①自社特有の名称や表現，②昔から踏襲している支配的な仕事のやり方や会議体の運用，が挙げられる。これらは顧客満足や組織活性化につながるものもあれば，逆に組織の停滞を招き，時代に逆行するようなものまで存在する。また，それらを変えようとする人間や組織に対しては大きな軋轢が生まれるということも暗黙のルールの特徴の1つである。

（3）アプローチを開始する前の組織風土の捉え方

組織風土については，まずはその特徴を捉えた上で，将来の道筋をつける必要性がある。よって組織変革のアプローチを試みる前に，下記のような視点で組織風土のタイプを判別することとしたい。ベンチャー企業においては，「革新的風土」や「即断即決型風土」などの性向が強く現れるであろう。

下記のタイプ別分類については，環境や競争状況，業界特性によっても目的は異なり，また，当然のことながら有事か平時かといった企業が置かれた経営状況によっても変容が求められる。

ⅰ）「革新的風土（成長・リスク・変化）」もしくは
「伝統的風土（保守・リスク回避・安定）」か？
ⅱ）「合理主義型風土（米国型・個人・競争）」もしくは
「温情型風土（従来日本型・チーム・協調）」か？
ⅲ）「即断即決型風土」もしくは「熟慮慎重型風土」か？
　　ⅰ）＝戦略，ⅱ）＝内部組織，ⅲ）＝社内プロセス　に関わる

（4）企業の組織風土に影響を与える要素とは

次に組織風土に影響を与える要素について見ていきたい。これらは主にⅰ）トップの信念および行動，ⅱ）戦略目標・ビジョンの明確化，ⅲ）人事制度や権限，が挙げられる。まず，ⅰ）のトップの信念および行動については，JALの稲盛代表などの事例があり，これらはアメーバ経営の根幹である部門別の採算管理などの仕組みの導入だけでは達成できない，トップの経営哲学が大きく組織の価値観に影響を与えたと考えられる。

ⅰ）トップの信念および行動
ⅱ）戦略目標・ビジョンの明確化
ⅲ）社内人事制度*や権限

　　　　　　　　＊評価基準や研修プログラム。「OJTで担当となる教育係のレベル」「キャリアイメージの容易さ」等を含む。

（5）組織変革を行う際の経営戦略・ソフトの対象とは

次に具体的な変革の方法と基本ステップについて述べたい。経営企画部の果たすべき役割は戦略の立案である，と参謀的な側面のみを取り上げる場合が多く見られるものの，組織変革の実践の場面においては，経営企画部はその業務量の7割から8割以上をそのプロセスに注力すべきである。

その変革の対象としては，目に見える「ビジョンや戦略（経営戦略）」，コミュニケーションの取り方を含めた「社員の意識や行動（ソフト）」があり，これら2つに「社内制度と権限」を組み合わせて，整合させた変革を行う必要がある。

（6）把握すべき経営戦略・ソフトの主項目とは

　それでは把握すべき経営戦略・ソフトの主たる項目を見ていきたい。まず，経営戦略としては，マーケティング戦略，中期経営計画など，可視化されて存在するものが挙げられ，これらの変革は比較的容易であると考えられる。最も困難とされるのが目に見えづらいソフトの変革であり，これらは仕事や人間関係に関する暗黙のルールによる行動様式が対象となり，これらを外から変革しようとしても徒労に終わることが多い。また，他社で採用されている事例や正しいやり方が，必ずしも自社の組織で受け入れられるとは限らないため，経営企画部は愚直なまでにチャレンジし続けなくてはならない。

　図表6-3のとおり，経営戦略とは経営理念やビジョン，中期経営計画などを指す。一方，ソフトにおいては，「仕事面」における暗黙のルール，すなわち仕事の進め方や意思決定，事務処理の仕方などが存在し，それに加えて「人間関係」における暗黙のルールとして上司や部下との関係や接し方，物事に対する暗黙の了解などがある。それに行動規範や制度，組織図や業務分掌などに代表される「社内制度・権限」を考慮して変革を行う。

図表6-3　経営戦略・ソフトの変革（＋社内制度・権限の整備）

	経営戦略の変革	ソフトの変革 （社員の意識・行動）	社内制度・権限の整備
全社	ビジョン 戦略目標	価値観の醸成 教育制度	ワークフロー 人事制度
事業部	部門ビジョン 部門目標	事業部ミッション 全社的意味付け	権限管理表 稟議制度
個人	キャリアデザイン	執行内容明確化 アセスメント	権限管理表 業務分掌

（7）これまでの組織変革の失敗要因とは？　ハード偏重のアプローチの限界

　組織変革の過程において，経営企画部はトップとミドルおよびボトムのバー

ティカルな軸に加え，ホライズンタルな関係性をマネジメントする役割を担うこととなる。そのプロセスの中で，これまで多くの企業が失敗する要因の1つとして，ソフトの側面，すなわち組織文化や組織内の価値観の共有深度に鑑(かんが)みたアプローチが充分にできていないことが挙げられる。

　従来型の一般的な組織変革のアプローチにおいては，ハード（戦略や組織，システム）からソフト（人材の能力や文化，価値観）の改革を試みるべく，ハード主体の時間軸の設定を行ってきたが，今後はソフト変革のスケジューリングに重きを置いた時間軸の確保が課題となってくる。

　経営企画部の役割のところでも述べたように，有事の際はIRにて外部の協力（資金調達や業務提携を含む）を得て，社内外の時間軸の整合を取る必要があるが，このソフトの時間軸は外部から理解されにくいことから，余裕を持った長めの確保がカギとなる。

　最後に，ソフトは模倣されにくい「差別化要素」になることを忘れてはならない。よって，「差別化や集中戦略」においては，技術やブランドだけでなく，人の育成や組織作りに代表される《模倣されにくい》ソフトに優先順位を割り振ることが望ましい。

5-3　改革のための3つのステップと4つの領域の整合

(1) 改革のための3つのステップ

　下記は経営企画部主導による，ミドルに対する「管理監督」および「支援的管理」による改革手順である。改革のステップの中において，経営企画部の重要な役割の1つに下記で述べる「場のセッティング」が挙げられる。変革には決まったシナリオは存在しないものの，プロジェクトの組成および事務局を経営企画部が担うことにより，まずは時間軸の整合を担保することを可能とする。

　また，実践においては，キーとなるミドルに対して自身が改革の中心を担う「主体」であることの自覚を持たせることにも留意したい。

〈1st STEP〉

　1-1　仮説検討（成功要因と失敗要因），問題意識の共有（事業部やミドル

がなぜ改革が必要かを理解）

1-2　変革の計画案作成，戦略立案，人事制度や教育計画立案

〈1st STEP〉において，最初にこれまでの成功要因・失敗要因に係る仮説の検証作業から取り掛かることとなる。また「問題意識の共有」を図る「場」を設けることとなるが，これは事業部やミドルがなぜ改革が必要かについて，腹に落として理解する重要なステップとなる。

〈2nd STEP〉

2-1　事業部もしくはミドルを選抜して変革実施

2-2　マネジメント診断 ⇒研修 ⇒課題解決につき，自部門への落とし込み実施

〈2nd STEP〉では，大きく2つの方法がある。1つは事業部を選抜する方法と，もう1つは5％程度の人員をミドルから選抜（500人の組織なら25人程度）する方法である。

いずれも，選抜された者に対してスキルアップ研修を施すことにより，「経営戦略」への理解度を向上させると同時に，情報共有や報連相など，会議体の運営から個々の仕事の運用方法についての適切な行動習慣（ソフト）の定着化を図る。ここではマネジメントおよび経営企画部主導における「管理監督」の比重が大きい。

次に「権限」を付与すると同時に，執行者会議（仮称）にて，チームでの取り組み，会社としての全体最適を考える思考回路を引き出す。ここでは会議体において，逆に「管理監督2割：支援的管理8割」のウェイトにて経営企画部はサポート，事業部もしくはミドル自身が小さい成功体験を体感することが重要となる。

ここで最終的には，自律的に問題解決できるミドルの人材としての活躍に向け，個人の活性化と成長を期待したい。

〈3rd STEP〉

3-1　仮説検証（成功要因と失敗要因），2nd STEPの社内での横展開実施

3-2　形骸化しないようモニタリング

筆者の経験則上，〈2nd STEP〉で発現した個人の活性化が，ミドルを通じ組織の3割程度まで浸透した場合において，一気に全体への波及効果が見られ，全社組織の活性化が期待できる。

（2）経営企画部が率先する4つの企業領域の整合

経営戦略，ソフトの変革と社内制度の改善に係る方法論では，その変革に係るそれぞれの進捗に注意を払う必要があるが，より磐石な組織にするためには，それに新たな軸として「財務および法務の戦略レベル」の成熟度を有機的に結びつけて変革に取り組むことが必要となってくる。

これまで可視化可能な財務は経営戦略の概念に内包され，また法務については契約締結に係るフローとして，社内の仕組みの中で取り上げられるものに過ぎなかった。これは財務＝結果，法務＝案件を取った後の契約をさばく事務作

図表6-4　組織変革のステップ

	基本ステップ	経営戦略	ソフトの変革 （意識・行動）	社内制度・ 権限の整備	財務・法務の 戦略レベル
1st STEP	・現状仮説分析 ・変革案作成 ・戦略立案 ・問題意識共有 ・社内制度立案	・市場戦略策定 ・企業戦略策定	・変革に向けての問題意識共有	・社内制度に係る改革案作成	・財務シナリオ作成 ・法務レベルの把握
2nd STEP	・事業部もしくはミドル選抜教育 ・自部門への落とし込み	・各事業部へのミッション落とし込み	・スキルアップ研修 ・課題解決を職場にて展開	・権限付与 ・社内制度整備	・財務のマーケティング連動 （※4章の3参照） ・戦略法務の概念導入 （※3章の3参照）
3rd STEP	・仮説検証と「横展開」 ・形骸化しないようモニタリング	・仮説検証 ・PDCAサイクルの実行	・仮説検証 ・PDCAサイクルの実行	・行動様式への落とし込み ・「無意識」の習慣定着へ	・財務の因果関係に係る仮説検証 ・戦略的法務の実践

業」として捉えられてきたこれまでの日本企業の特徴を表しているとも言えよう。

しかしグローバルな競争下で，今後ますます柔軟かつ迅速な組織変容が求められることから，財務に関しては，より業界の特性や社内外の環境の変化を踏まえた因果関係の把握と，将来を予見する精度の向上が求められ，また，法務についても，いかに予防的且つ戦略的な取り組みを戦略と連動して行っていくかに議論の焦点が移ろうとしている。

図表6-4は「変革の基本ステップ」に則した「経営戦略」「ソフト」「社内制度」「財務法務の戦略レベル」につき，変革ステップを3つの段階に分けて説明したものである。

特に経営企画部が注力すべきは，変革のステップの最初にある「なぜ改革が必要か？」についての問題意識の共有の部分にある。その動機付けの「場」を持たない限りは，自律的なソフトの変革は期待できない。また，〈2nd STEP〉における事業部の選抜においてもそのセンスが試されるわけであるが，そこでは単純に悪い事業部を選抜するだけでなく，象徴的な事業部を選んで，その波及効果を期待する事例もある。

「社内制度・権限」の最後のステップを「行動様式への落とし込み」とし，ここでは繰り返しによる無意識の習慣への変容を取り上げた。一説によると人間の意識下の行動は5％とも言われ，無意識による行動様式への落とし込みは反復が必要となる。

（3）最後に

以上，変革の3つのステップについて述べたが，組織は決して正しいことや「あるべき姿」を無条件で受け入れるということはなく，また，外部環境の変化や企業に残された時間に則した変化のスピードに従うことは皆無であることから，まさにこれが組織変革の難しいところである。

今後の経営企画部においては，事業部単位で異なる価値観や文化といったソフト面にスポットを当て，前述の変革の手順で述べた経営戦略・ソフトの両面

からの計画実行を，ミドルとともに事業部単位で検証していく際に，ミドルクラスの経営マインドの醸成を促し，個々の全社最適的な視座を含めた価値基軸の形成に貢献することにより，将来の実行性を担保することが求められる。

これらは，単なる計画策定指導や投資のバックアップでなく，ミドル自身が自律的な成長を遂げると同時に，リーダーとほぼ同様の成長率で成長すると言われる（そのミドルが属する）事業部組織が「洗練」するための道筋を示すに至る，これが筆者の意図するところの経営企画部の「支援的管理」の本質である。

補論：国内における経営企画部設立の背景および最新の取り組み事例

本補論では，国内における経営企画部の設立に係る変遷と課題，そして最新の動向について述べたい。

戦後，トップの管理機能・事務局的な役割を担う部署として立ち上がった経営企画部であったが，その後，参謀的機能すなわち全社的な方向をプランニングする役割や，社内の調整役となるゼネラリストとしての役割が求められるようになった。

特に1960年代より，日本経済が技術革新により著しい成長を遂げるなか，国内企業においては，潤沢な資金をバックに中長期の利益計画に係る関心が高まったことを背景として，大企業を中心に経営企画部の設置・強化がなされることとなった。

そして1970年代からの安定成長期を経て，バブル崩壊以降の1990年代より日本経済は低成長もしくはマイナス成長の時代に入ることとなるが，特にアジア金融危機が起こった1990年代後半から2000年代にかけて，日本経済は不良債権処理に多大なエネルギーを費やしたことによって構造改革が遅れ，国際的な競争力も大幅に低下したと言われる。

そうしたマクロ的背景により，企業の評価基準も売上規模や市場シェアより

も，ROEやEVAといった収益基準が重視されるようになり，①経営資源が限られるなかでいかにして新規事業の立ち上げやアライアンスを促進するか，②成長が見込まれる分野に対してグローバルに投資を行い，いかにして競争力を強化していくか，という要求が高まり，持続可能な「価値創造モデル」の立案を経営企画部が主管すべきであるとの認識が広まることとなった。また，グローバル経営の促進により，グループ全体の経営統合を管轄する役割も経営企画部に加わり，更には，昨今では組織の変革を支援する，より実務サイドに近い役割（第5章参照）が求められている点についても留意したい。

しかしながら，現在の経営企画部の課題として，経営企画部の機能が社内調整役としての範疇に留まり，積極的な企画提案を行う「参謀機能」を実態として有していないことが指摘されている。また，これまでの中長期経営計画の立案に加え，コントローラーとしての役割やグループ子会社の統括，組織人事制度改革から社内事業部の格付評価，株主や金融機関などのステークホルダーとの折衝やM&A・アライアンスの推進，内部統制の構築からコンプライアンスの強化，更にはIRからCSRまで，その多岐の領域に混在する業務分掌の多さから，「実務支援」的な役割にそのリソースを割けないという声も現場では数多く聞かれる。

また，組織変革においても，経営企画部が組織設計や戦略策定に加え，第3章で述べた戦略的な法務や人事，マーケティング戦略にも積極的に関与すべきであるとの認識は存在するものの，いまだ多くの企業においてはその実現がなされていないというのが現状である。また，各部署との関係構築の上でのコミュニケーション力をはじめ，組織変革におけるデザイン力など，経営企画部スタッフの能力向上や教育も喫緊の課題となっている。

そのような中，国内最大級の企業データベースを誇る，大手格付機関「東京商工リサーチ（TSR）」では，経営企画部の役割と機能にいち早く着目し，マーケティングやアライアンスの促進を目的として，これらデータベースを活用した事業を行っている。同機関によってデータベース化された国内における経営企画部の部署情報は約8,000社，担当者情報は約6,500社にのぼり，業種も下記

のとおり商業（卸・小売）や製造業をはじめ，金融・不動産や運輸・通信，官公庁まで多岐にわたる。

> 〈東京商工リサーチ　ターゲティングDB　15年度スタンダード版〉
> 製造業　2,100社
> 商業（卸売・小売）　2,500社
> 運輸・通信・電気・ガス・水道　900社
> 金融・不動産　500社
> サービス　1,400社
> 農業・鉱業・建設業　500社
> 官公庁・外郭団体　200社

　それでは経営企画部の現状につき業種別にみてみたい。製造業における経営企画部においては，グループの生産管理や財務管理だけでなく，技術シーズの評価から商品化・事業化へのシナリオ策定など，新規事業や新商品開発に係る企画提案にも力点が置かれている。ここではプロダクト志向になりがちな開発サイドを導き，プロダクトアウトとマーケットインの接点を見出すべく，仮説検証の反復作業が必要であり，また事業化においては商品ライフサイクルの前期である事業テーマが望ましいことから，経営企画部スタッフには市場を見極める眼も求められる。

　商業（卸売・小売）領域における経営企画部においては，昨今では海外進出に係る企画立案をはじめとして，流通特有の営業企画や店舗運営の統括などの役割を担うケースも多い。また，製造業・商業ともに，グローバルな事業展開におけるアライアンスやM&Aの推進などの業務に従事，投資採算性などの分析を行う業務も今後更に増えていくことが予想される。

　次に民間企業以外の経営企画部についてみていきたい。官公庁や市町村などにおける経営企画部の役割としては，総合計画立案から行政サービス改革までその業務は様々であり，これらは行政経営全般を担う重要なポジションであるといえる。また，大規模病院やその他先進的な病院に設置されつつある経営企

画部であるが，医療機関においては，診療部や看護部，薬剤部など各部署の専門性および独立性が特に高いことから，民間企業における経営企画部以上に部門横断的な機能を備える難易度が高いことがうかがえる。

TSRでは，上記で紹介したデータベースをもとにした経営に係るソリューションサービスの提供を実施しており，与信に係る情報ヒアリングの対象としての財務関連の担当者に加え，今後のニーズや経営課題に係る情報提供先としての経営企画部との接点を，これまで以上により重視した動きがみられる。また，TSRは経営企画部門やその他企画関連部門を対象とした講座を開設，事業計画の策定やマーケティング戦略，与信管理等に係る教育支援も同時に行っている。

このように，昨今においては，全社的方針決定に係る観点を持ちうる経営企画部の役割が，業種を超えて，社内だけでなく格付機関や金融機関などの外部ステークホルダーにおいても再度評価される動きが見られる。また，今後より事業が専門化もしくは高度化する中，それらを統合する部門の存在は国内においても定着しつつあり，民間企業だけでなく病院や大学，官公庁までその活用の裾野が広がっている。その多くの経営企画部が社内の社内調整役やゼネラリストとしての役割を担う中，今後どのようにして戦略的な意思決定と，社内に対する「支援的」運用に特化していくのか，本書はその方法論につき，先行研究として解明を試みたものである。

この章の1節「外部環境の変化」でも触れたように，国内経済の再生や地方創生にはサービス業の底上げが重要であると考えられる。第4章の3で取り上げた「経営企画部によるグループ経営推進力の確保」では，「経済センサス・活動調査」にて産業別の事業所比率が最も高い小売サービス業の事例を取り上げた[9]。

今後，安倍政権では黒字の中小企業を2020年までに2倍に増やす目標を掲げ

---

[9]　国勢調査に準ずる重要な位置付けである総務省統計局「経済センサス」によると，事業所比率では小売サービス業が19％と最も高く，これまで公的機関による経営革新支援の主たる対象とされてきた製造業は9％に満たない。

ている。この実現に向けた施策においては，国内の経済活動の大半を占める既存の中小企業を中心に，その成長の過程において本書で示した《経営企画的》概念を取り入れて自らが事業革新と組織変革を実現できるよう，その方法論の実践と産官あげての支援体制の整備が，最も実態に則したやり方の1つであるといえよう。

《参考文献》
- P・F・ドラッカー「イノベーションと起業家精神」ダイヤモンド社　2007年
- フィリップ・コトラー「マーケティング・マネジメント」丸善出版　2014年
- 伊丹敬之「場のマネジメント　実践技術」東洋経済新報社　2010年
- 遠藤功「現場力復権」東洋経済新報社　2009年
- H・ミンツバーグ「戦略計画　創造的破壊の時代」産能大学出版社　1997年
- 石川　潔「わが国経営企画部門の機能の解明」文芸社　2014年
- 丹羽哲夫「経営企画部」日本能率協会マネジメントセンター　1999年
- クリストファー・ラブロック，ローレン・ライト「サービスマーケティング原理」白桃書房　2002年
- 森田松太郎「撤退の研究」日本経済新聞出版社　2007年
- 髙畑省一郎「会社を絶対つぶさない仕組み」　2013年
- 松田修一「起業論」日本経済新聞社　1997年
- 一般社団法人日本公認不正検査士協会ほか「企業不正の理論と対応」同文舘出版　2001年
- 星野隆宏「リスクを回避する契約術」幻冬舎　2013年
- 阿部・井窪・片山法律事務所「契約書作成の実務と書式」有斐閣　2014年
- 小坂　英雄「契約書の読み方・作り方」あさ出版　2011年
- カイハン・クリッペンドルフ「兵法三十六計の戦略思考」　2008年
- 入山章栄「世界の経営者はいま何を考えているのか」英治出版　2012年
- ロバート・S・キャプランほか「戦略バランスト・スコアカード」東洋経済新報社　2001年
- マイケル・E・ポーター「競争の戦略」ダイヤモンド社　1995年
- H・ミンツバーグ「H・ミンツバーグ経営論」ダイヤモンド社　2007年
- ゲイリー・ハメルほか「コア・コンピタンス経営」日本経済新聞社　2001年
- クレイトン・M・クリステンセン「イノベーションのジレンマ」翔泳社　2001年
- デービッド・A・アーカー「ブランド・エクイティ戦略」ダイヤモンド社　1994年

あとがき

　最後までお読みいただき感謝の念に堪えない。そもそも本書を出そうとしたきっかけは，父に勧められたことと，筆者が親炙(しんしゃ)するフィヒテの，ナポレオン軍占領下で行った演説の内容の2つが交差し，影響している。

「ドイツ国民に告ぐ（フィヒテ）＊」（抜粋）

「道義心の最も根源的な，純粋な姿は，敬重されたいという衝動である。こういう衝動から，まず敬重の唯一の対象である道義的なもの，すなわち「正・真・克己(こっき)」という認識が生じる。そうして愛は決して利己心より生ずるものではないという証拠には，この衝動は，慈愛を以て常に眼前にある母に対してよりも，慈愛者として現れない，もっと厳格な父に対して，一般に遥かに強く且つ決定的に向けられる。」

　　＊フィヒテ：ドイツの哲学者でベルリン大学総長。カント哲学・倫理学を踏襲し，教育論の基礎を確立したペスタロッチーにも影響を与える。「ドイツ国民に告ぐ」は，ヘーゲルの承認願望の「根本」に帰すると捉え，文中に取り上げた。

　筆者は上記，演説内容を読み，敬する対象の父に対して感謝の意を伝え，また，本書を執筆するという行為を通じ，自らの存在価値を反映する鏡にしようと試みたことが執筆におけるきっかけとなった。

　本書は学生や若い社会人を含めて対象としているが，本書執筆の2つ目の理由として，国家の前途を憂える教育者の立場としての動機が存在する。

　現在，学生の海外へのインターンを促進する活動を複数の大学にて行っているが，日本においては，インターンの概念ひとつ取っても，欧州の仕組みとは大きく水を空けられていると言わざるを得ない。補論で取り上げたグランゼコールの学生をみた場合，修業の要件として，半年以上の海外でのインターンが必須となっているケースが多く，自分で企業や国際機関にアプローチし，一般的社会人の初任給レベルの報酬を確保し，自らが住居なども手配して異国の地に渡らなければならない。よって，インターンに行くまでの授業内容として

は，即戦力として働けるカリキュラムが多数組まれており，また，各人20才前後でありながら，卒業後にアサインされる仕事の有する意義が「尊厳」であるとの理解から，それに従事するものの資格も，また，卓越していることを要求される，との十分な認識を兼ね備えているから驚きである。残念ながら，国内においては，欧州で認知されている《通常》のインターンシップ・プログラムに受かる学生は，未だごく少数であると言わざるを得ない。よって，本書において，これらの問題意識や心構えに触れることにより，現在もしくは将来において経営に携わるスタッフとして，少しでも目線が高くなり，いくらかでも刺激を感じとっていただければ幸いである。

さて，経営学はまだ若い学問であり，未だ確立されたものが存在しないことから，本書をきっかけに読者の方々が，現場での実践を通じ，強い問題意識と，ビジネスに関わる「ひと」についての真理を追求しようとする契機となればと思う。企業再生や組織に変革が求められる現場において，結局は人の問題に帰着するケースが多く，人は「不完全な情報」に基づく「不合理な判断」を行うもの，との前提に立ったマネジメントが今後求められるようになってくるであろう。

経営学の属する社会科学には２つの考え方が存在し，それは「実証性」と「規範性」である。実証性とは実際の事象の中から，個別から演繹を展開，または多数から帰納するなど，その仮説を証明することであり，規範性とは社会や個人にとって望ましいか否か？　の価値判断を論ずることである。第４章においては，できるだけ実践ですぐに活かせる，実証的な内容を重視して執筆を試みた。

この本は，「経営企画部」の事業内容につき，体系的な内容に加え，実践的なケースを取り上げた，唯一の本である。世の中のニーズとして，組織の中軸を担う経営企画部の設置またはその機能強化が望まれる中で，まずは学生から社会人に至るまで対象を広げて執筆を行い，日本の組織力・競争力向上の一助になればというのが，本書の問題意識である。

執筆にあたっては，示唆に富んだアドバイスを数多くいただいた経営者の方々や，実際に経営企画部の実務に携わる多くの企業人の方々の御厚情に感謝の念を禁じえない。また，出版に係る多岐にわたるアドバイスに加え，精神的にも激励いただいた大下法律事務所の大下泰高氏，そしてこの度の出版の機会を与えていただき，初の単著出版で勝手のわからない筆者に丹念に助言をいただいた中央経済社の杉原茂樹氏に深く感謝の意を表したい。

　筆者は最初のキャリアを銀行員からスタートさせ，その後すぐに証券会社に出向，まったくヒヨっ子の自分を我慢強く指導してくれた上司にとっては，自分は言葉や常識の通じない「異人種？」のような存在であったと思う。20年というまだまだ短い仕事人生の中で，関わらせていただいたお客様全員または案件の1つひとつが私に経験値を与え，成長させてくれたことから，今後は少しでも恩返しができるよう日々研鑽していきたい。最後に，これまで人生の節目で支えてくれた周りの方々に感謝の意を述べて，本書のあとがきにしたい。

《著者紹介》

八田　真資（はった　まさし）

経営コンサルタント，大東文化大学非常勤講師（授業担当領域：ベンチャー論に係る講義ほか）

（旧）日本長期信用銀行，プライスウォーターハウスクーパースを経て，コンサルタントおよび大学講師として活動。これまで大手製造業の新規事業立ち上げ支援に係る企画業務に従事。また，国立大学発のベンチャー企業や「日経トップリーダー」選出の50万社のトップ・ベンチャー企業などにおいて経営企画部門長を務める。

その他，欧州高等教育機関の日本国内でのプロモーション活動や，フランス芸術家の招聘および海外での武道の振興に注力するなど，欧州と日本の架け橋（リエゾン）的役割を担う。

主な著書に「欧州MBAオフィシャルガイドブック（中央経済社/共著/出版プロジェクトリーダー）」

筆者活動ホームページ　www.eurojapan-guide.com

'不確実性の時代'を生き抜く
最強の「経営企画部」

2015年9月10日　第1版第1刷発行

著　者　八　田　真　資
発行者　山　本　憲　央
発行所　㈱中央経済社

〒101-0051　東京都千代田区神田神保町1-31-2
電話　03（3293）3371（編集部）
　　　03（3293）3381（営業部）
http://www.chuokeizai.co.jp/
振替口座　00100-8-8432
印刷／昭和情報プロセス㈱
製本／㈱関川製本所

© 2015
Printed in Japan

＊頁の「欠落」や「順序違い」などがありましたらお取り替えいたしますので小社営業部までご送付ください。（送料小社負担）
ISBN978-4-502-15901-5　C3034

JCOPY〈出版者著作権管理機構委託出版物〉本書を無断で複写複製（コピー）することは，著作権法上の例外を除き，禁じられています。本書をコピーされる場合は事前に出版者著作権管理機構（JCOPY）の許諾を受けてください。
JCOPY〈http://www.jcopy.or.jp　e メール：info@jcopy.or.jp　電話：03-3513-6969〉